U0852461

阅

阅读成就思想……

Read to Achieve

儿童青少年心理咨询与治疗经典译丛

成为儿童青少年心理治疗师

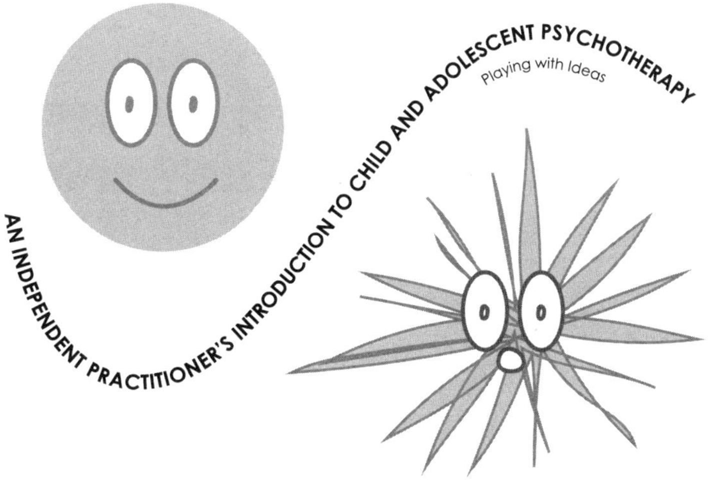

[英] 迪尔德丽·道林（Deirdre Dowling）◎ 著
刘芬　陈琼　杨歆喃 ◎ 译

中国人民大学出版社
· 北京 ·

图书在版编目（CIP）数据

成为儿童青少年心理治疗师 /（英）迪尔德丽·道林(Deirdre Dowling) 著 ; 刘芬, 陈琼, 杨歆喃译. 北京 : 中国人民大学出版社, 2025. 8. -- ISBN 978-7-300-34166-8

Ⅰ. G444

中国国家版本馆 CIP 数据核字第 2025WX6349 号

成为儿童青少年心理治疗师

[英] 迪尔德丽·道林（Deirdre Dowling） 著

刘 芬 陈 琼 杨歆喃 译

CHENGWEI ERTONG QINGSHAONIAN XINLI ZHILIAOSHII

出版发行	中国人民大学出版社		
社　　址	北京中关村大街 31 号	**邮政编码**	100080
电　　话	010-62511242（总编室）		010-62511770（质管部）
	010-82501766（邮购部）		010-62514148（门市部）
	010-62511173（发行公司）		010-62515275（盗版举报）
网　　址	http://www.crup.com.cn		
经　　销	新华书店		
印　　刷	天津中印联印务有限公司		
开　　本	720 mm×1000 mm　1/16	**版　次**	2025 年 8 月第 1 版
印　　张	16　插页 1	**印　次**	2025 年 8 月第 1 次印刷
字　　数	210 000	**定　价**	69.90 元

赞誉

这本书系统梳理了从治疗设置、评估到具体干预的全流程，尤其对不同年龄段儿童的心理特征与干预策略进行了细致的剖析。对于初入行的治疗师、咨询师或资深从业者，本书提供的清晰的工作框架、对特殊情境（如父母离异、精神疾病家庭）的探讨，以及短程治疗等创新模式的分享，均具有较高的参考价值。

江光荣

华中师范大学桂岳卓越教授

中国心理学会理事

这本书通过大量的案例解析，将抽象概念转化为可操作的技术，具有很强的可读性和实用性。无论专业背景如何，你都能从中找到共鸣与收获。

谢少峰

武汉忠德心理医院前院长

30余年专业经验

在本书描述的治疗室的空间里，在儿童青少年与治疗师之间，那些绘画书写板、记号笔、胶带、绳子、乐高等材料仿佛被赋予了生命，演绎出一个又一个爱恨交织的故事。同时，本书作者将与儿童青少年及其家庭工作的理论与实践、自身的经验与反思，绘制成地图，并显示出方向，标明路径，儿童青少年心理治疗师由此得以前行至充满自发性、创造性的时空。

吴和鸣

上古实验传记研究所所长

无论是在公开场合还是私人场合，我都强烈推荐这本全面且清晰的指南，它涉及了儿童心理治疗师工作的诸多方面。迪尔德丽·道林的儿童精神分析治疗方法受到两方面影响：一个是她所接受的训练；另一个是对英国心理治疗独立学派的兴趣。同时借鉴了有助于指明前进道路的其他任何流派的想法，尤其是温尼科特式的方法。她对治疗过程进行了详细的研究，比如创建治疗设置、做评估、与父母一起作为一个团队来工作。同时，她也面临着工作中的挑战，比如必须面对绝望、怀疑和愤怒。她研究了不同设置下的儿童治疗，所有这些都以清晰生动的临床实例加以说明。她的书对专业人士和寻求帮助的家庭都极具吸引力。

罗杰·肯尼迪（Roger Kennedy）

正在受训的英国精神分析学会分析师

儿童精神病学顾问

英国儿童与家庭实践协会主席

这是一本尊重儿童游戏的创造力、想象力和最终治疗过程的书。除此之外，迪尔德丽·道林对儿童心理治疗及其意义进行了如实、详细和全面的概述。道林的知识和经验贯穿本书始终，书中对她的实践的深刻描述丰富了她的叙述。据说，她也不害怕说出在与深陷困扰的儿童一起工作时产生的自我怀疑、质疑，以及有时遇到的深刻的个人和职业挑战。

戴维·勒瓦伊（David Le Vay）
游戏治疗师/戏剧治疗师
伦敦罗汉普顿大学游戏疗法高级讲师
布里奇治疗中心（Bridge Therapy Centre）临床合伙人

这是一本了不起的书，它用清晰生动的细节描述了儿童及青少年心理治疗的过程，读起来引人入胜。在一个需要各种治疗手册的时代，这本书是必不可少的，它充满了慈悲、耐心和幽默。与想法共舞（playing with ideas）展示了迪尔德丽·道林与患者共同创建了一个创造性空间的方式，但游戏并不琐碎，它包括处理"身体和心灵的复杂性，以及我们对探索痛苦议题和面对改变的天然阻抗"；书中描述了治疗师和患者的痛苦感受以及如何处理这些感受。这本书中有丰富的儿童和青少年心理治疗史案例，有讲述情绪的故事和电影片段，还有来自患者的动容案例。迪尔德丽·道林诚实而慷慨地描述了她在与痛苦的儿童和青少年一起工作时的感受。任何想和这类儿童一起工作的治疗师都应该读一读这本书——努力是真实的，效果是鼓舞人心的。教师、社工和医生也会觉得他们更了解了自己所照料的儿童和青少年。

迪莉斯·道斯（Dilys Daws）
塔维斯托克诊所（Tavistock Clinic）儿童心理治疗师顾问
英国婴儿心理健康协会顾问
《夜未眠：帮助失眠的婴儿及父母》
（*Through the Night: Helping Parents and Sleepless Infants*）一书的作者
与亚历山德拉·德·雷门特里亚（Alexandra de Rementeria）合著
《与宝宝一起找到自己的路：父母和婴儿的情感》
（*Finding Your Way with Your Baby: Emotions of Parents and Babies*）一书

英文版推荐序

我们非常荣幸能为迪尔德丽·道林的新书《成为儿童青少年心理治疗师》做推荐。道林多年来一直是儿童精神分析治疗领域的智者，她对成为一名儿童心理治疗师的过程进行了非常深入的思考。本书呈现了一种跟一个充满智慧的治疗师对话的感觉，正是这种智慧的感觉从第 1 章开始就给读者留下了深刻的令人信服的印象。这不是一本宣扬某个特定的理论立场的书，它植根于精神分析的反思，提供了一系列思考和观察的方式，与儿童、青少年及其家庭和照顾者互动，应对痛苦和表面上的失败，并重新发掘和颂扬儿童在情感成长和发展方面的内在能力。

从精神分析和生理方面的设置开始，迪尔德丽为读者提供了一种感觉，即精神分析的观点能够说明什么，以及这如何能使人们对儿童患者的印象更加深刻。她选择了介绍特定的精神分析概念，并清楚地解释了这些概念的含义和作用，读者会觉得很有用处：这既是一个简短但重要的清单，也是一个很好的起点（也是我们这些可能想象自己知道这些东西的人的一个补给）。她的方法是包容的，能欣赏其他的和互补的工作方式，强调多专业工作中的价值和偶尔的压力。迪尔德丽从她丰富的社会工作经验以及作为心理治疗师参与其专业内外的培训中获得了丰富的经验，她意识到了那些与处于困境中的儿童打交道的人所面临的问题，并对督导、咨询和反思性空间有深刻的见解和坚定的态度。

在这些章节中，个别儿童和青少年的故事让我们意识到，这并不是适用于每个转诊患者的枯燥理论；这些人的挣扎和人性让我们着迷，尤其是在第 11 章中，父母的脆弱性是他们生活中的一个重要因素——最能深深地打动我们。我们与孩子们一起寻求理解，并帮助他们在未来的生活中寻找一种积极的更有创造性的方式。

尽管本书作者将这本书描述为一位独立学派的儿童心理治疗师的背景、任务、知识、旅程和生存技能的个人叙述，但当她给我们带来本书的最初大纲时，我们发现它正是我们希望看到的书。的确，它远超出了我们的期待。已经从事青少年工作和经历情感困扰的读者，会发现本书有很多可以扩展他们知识面的东西，并能从本书中得到很多用于工作的支持。对于那些可能会考虑从事这个工作的儿童心理治疗师而言，迪尔德丽·道林为他们提供了一个特殊的训练和任务指南。更重要的是，她这样做并没有忽视困难和压力。她提供了另一种思考方式，最重要的是，她还提供了明智的建议。我们极力推荐这本书。

安·霍恩（Ann Horne）

莫妮卡·兰亚多（Monica Lanyado）

中文版推荐序一

奚小鹿博士

麻省理工学院心理咨询中心

哈佛医学院附属麻省精神卫生中心

收到刘芬老师邀请为她与陈琼老师、杨歆喃老师合译的《成为儿童青少年心理治疗师》作序时，我深感荣幸，但也很忐忑。我从来没有为任何书写过序，每一次都是婉拒。几近冒失地为这本书写序，是因为我非常喜欢这本书。迪尔德丽·道林的这本书，让我想起十分崇拜的南希·麦克威廉斯（Nancy McWilliams）。她们的书，都源于长年累月对现实中来访者一小时一小时投入的工作，以及对学生一小时一小时悉心的督导。作为一名纯粹的临床工作者，这些智慧的分享，深深触动了我的心。我在国内做心理咨询学位教育之外的临床督导时，常常会在学生需要的时候寻找适合的、贴近临床实践的书，在拿到译稿时，我非常高兴。很感激三位老师的工作，敬佩她们在日常工作、进修学习以及作为家庭与孩子的顶梁柱之间找到时间，投入精力为大家翻译出这本可读性和实用性都非常强的书。而且在看过之后，读者如果有机会在执业、进修，或者最终成为督导时再次阅读，会有不同的收获。

《成为儿童青少年心理治疗师》的原著的英文名字是*An Independent Practitioner's Introduction to Child and Adolescent Psychotherapy*（《儿童青少年心理治疗独立执业者的入门指南》），如果不看书中的内容，它听上去就是一本标准的教材或手册。而最终的中文书名《成为儿童青少年心理治疗师》则完美地体现了这本书的精髓——儿童青少年心理治疗师边走边学，逐渐成长的心路历程。这应该也是迪尔德丽·道林赐予读者的希望和她自己所完成的"使命"——通过好奇、观察、学习、反思，边做边学，从实际工作体会中领悟，最终成长为一个专业的儿童青少年心理治疗师。通过她的故事与理论指导，作者提示学习成长中的儿童青少年心理治疗师，以及尚未上路但有意的读者：成为一名儿童青少年心理治疗师，如同为来访者做咨询治疗一样，本身就是一段历程——是咨询师带着好奇、同情、共情，带着勇气、耐心，尤其重要的是还带着幽默感，陪伴这些年轻来访者的历程：让他们真正被看见、被听见，共情并肯定他们的感受，抱持他们成长中的需求，承接他们从童年到青少年的每一段时光。这同时也是咨询师自己的历程：重新发现、认识、接纳自己，甚至有时候需要哀悼自己的童年与青少年时光，最终走向"而立"。这本书最重要的启示是：成为专业的咨询师，不是靠一个培训项目或者一个证书就简单达成的。就算理论学得滚瓜烂熟，概念可以出口成章，也绝对不会有正确答案或标准答案。咨询师的胜任力，不是一个知道和不知道的二进制。成为专业的儿童青少年心理治疗师，是在学习理论之余，必须与需要咨询、治疗的孩子们一起成长，才能成为一个胜任的专业咨询师。迪尔德丽·道林自己"迂回绕道"成为儿童心理治疗师的经历，其实是今天中国十分常见，很多心理治疗师都有且都能认同、共鸣的经历。正如她曾被儿童精神分析与心理治疗领域的开创者安娜·弗洛伊德深深激励，从而投身儿童精神分析导向的心理咨询与治疗事业一般，无数渴望成为儿童青少年心理治疗师的中国读者，或许也会因迪尔德丽·道林分享的成长轨迹而触动——既会被她对年轻来访者流露的母性慈爱所温暖，也会从她对儿童青少年精神分析理论的独到洞见中获益，进而在这份启发与鼓舞中持续学习、不断成长。

《成为儿童青少年心理治疗师》精要地讨论了儿童青少年动力学心理咨询、心理治疗深厚的思维与原理，言简意赅地为初学者介绍了相关的精神分析理论，把精神动力学的少儿心理咨询的重要概念穿插在临床情境以及她自己的临床体验当中，为学习中的心理治疗师展现了理论的来源，将抽象概念转化为可操作的技术，演示它们在实践当中以来访者为中心的运用。但与其他很多教材不一样，在这本几近于作者自传的书中，关于理论的讲授，是在分享她的个人专业成长的道路，以及带着幽默、娓娓道来的临床案例中儿童青少年的“故事”。介绍讨论动力学的理论时，作者也指导儿童青少年心理治疗师如何实际地工作，如何帮助儿童青少年来访者了解、认识、忍耐，接受成长的痛苦和坚守希望，抱持生存、成长，实现自我的努力。作者特别真实诚恳地提醒动力学咨询当中的“病人”，来源于拉丁文的“受难、受煎熬的人”。我们的来访者，孩子也好，成年人也好，当他们最终来到咨询室的时候，都深陷痛苦、无助、无望之中，哪怕他们表面上只是显露着愤怒，或是一副满不在乎的模样，这些尤其值得我们铭记。这本书对来访者的父母也给予了极大的共情和肯定，相信这些父母有保护自己的孩子、给他们一个自己未曾有过的童年的希望。希望咨询师鼓励并支持父母们处理自己的焦虑，耐心的支持，陪伴等待孩子们的成长。第 9 章中在讨论儿童青少年的心理治疗时，作者描述了自己的专业成长道路——从最初希翼案例报告精准、干预技巧无懈可击，到学会接受错误，与来访的孩子们一同成长。这是对学习儿童青少年心理治疗后辈的提示，何尝又不是普天下的父母希望养育好孩子，而不至于陷入焦虑、恐惧、内疚里所需要的智慧呢？所幸的是，大多数父母没有心理治疗师的指导，而实践中，尤其是学习成长中的心理治疗师，却可以寻求、接受督导，得到对他们的学习成长的大部分支持。对临床实践工作的督导，是培养有胜任力的心理治疗师最重要的一环。

迪尔德丽·道林之所以言简意赅地为初学者介绍精神分析、精神动力学的重要理论概念，或许是因为她是从社工进入儿童青少年的心理治疗工作，她的目光也看到了心理治疗师的工作室、躺椅、沙盘之外的世界，演示了儿童青少年来访者咨询中的“生理 - 心理 - 环境”模式。比如与父母的沟通，不仅仅是获取信息，也是一个投资建设一个更利于孩子成长、改变与康复的环境。对儿童青少年心理治疗的专业工作者而言，知道一个孩子是一个家庭的“IP”（identified patient，索引病人）的情形一点都不罕见，家庭环境、父母养育以及父母自身的困难与问题并不仅仅是孩子心理问题的“背景板”。作者对此的讨论，尤其是与相关儿童青少年工作时，提醒我们“养育一个孩子需要一个村庄”。当代精分流派的治疗、动力学咨询所需要提供的帮助，尤其面向儿童青少年，已经不限于观察考虑咨询师的工作室中和沙盘上的东西了。

这本书英文原著的副标题是“与意念游戏”（playing with ideas），该概念承继温尼克特的游戏空间养育孩子的真我的理念。温尼克特相信人们只有在游戏时，才能体验、呈现他们完全真实的自我，因此他认为只有当精神分析可以为被分析者提供游戏般、允许想象力、富有创造性的，有着真实的惊喜发现的空间，精神分析才会有益有效。当来访者被迫一味接受分析师权威性的解析时，精神分析不过在强化固化来访者的假我！本书将“游戏”作为希望成为儿童青少年心理治疗师的读者学习与实践的“大方向”，或许会给我们带来一些困惑和犹疑，因为这是一个与应试教育背道而驰的方向，而游戏对于今天大多数孩子来说无疑是“奢侈品”。然而，作者提醒我们的治疗师只有通过有想象力、有创造性，怀有好奇心，而不是寻找“正确答案”，才能帮助孩子修复、获得，甚至是开始建立一个他们存活和成长不可缺少的想象的空间。在这样一个游戏想象的空间里，来访者才能自然或不自然、自觉或不自觉地表达他们的见闻、经历与感受。每一个厌学的初中生、高中生，每一个对人际关系、职业发展有困惑的大学生内心所隐藏的那个不知所措、无所适从，甚至是无地自容的内在小孩，为他们的需求而愧疚，为他们的无力而羞耻，才有可能被我们看见、听见，也才能被他们自己看见、听见。心理治疗多半不能让成绩中等的孩子成为学霸，但咨询治疗既可以帮助孩子接受自己，接受自己成长的需求，也可以帮助他们的父母明白他们的孩子成长的需求。能够给予儿童青少年来访者游戏的空间的心理治疗，可以帮助孩子不因困境而逃离学校、脱离同伴，永远陷在家庭与社会的矛盾之中。

本书让我联想到过去近30年的从业经历——动力学心理咨询与治疗和临床神经心理学（ADHD）的实践，尤其是过去的22年在麻省理工学院为学生做的心理咨询与治疗工作，以及过去四年我一直在教的CAPA高级班四年级的“青少年治疗的理论与技术”课程。这也让我记起大学毕业后分配到湘雅医学院的经历：当时教跟我自己同龄的青少年大学生，那时究竟是教的时候多，还是同声共气的时候多，已记不太清，但清晰记得学生多半更愿意找跟自己同龄，而不是跟自己的父母同龄的老师讲心事。这段经历是最终把我带去做动力学心理咨询与治疗的最重要原因之一。20多年前在申请临床心理学博士时，鲜有人知心理咨询是什么，为了学心理咨询读临床心理学的留学生更少。系主任索性直接说我们一般不收国际学生！记得在申请的自传文书里，回答为什么要学临床心理学，我提到了在我的想象中，做青少年的心理咨询犹如一名艄公，把孩子从河的一面渡到另一面。在没有互联网也没有手机的年代，前不着村，后不着店，大家只能说话聊天。艄公或许可以聆听他们的想法，给他们一些建议。或许什么都给不了，大家只是默默地对坐。渡他们到达对岸后，说句好走不送，再回头去接下一批等待过河的少年。与青少年的咨询工作大多短暂而不定（整个青少年期唯一恒定的是没有恒定，只有变化），犹如一段短短的轮渡。除了得到一些聆听、共情的肯定与鼓励，青少年来访者很少能够像成年来访者一样反思，不一定会获得很多的“内省”，或许也不会有大的改变，可能心理咨询在他们的记忆当中甚至都不会留下任何痕迹。但

成为儿童青少年心理治疗师

心理咨询确实可以给儿童青少年来访者一个渡河时暂停的机会，在咨询师的陪伴鼓励下，来认识、调整、适应好成长的空间与过程。相信迪尔德丽·道林的这本书也会为成长中的儿童青少年心理治疗师，以及尚未上路但心怀希望的读者提供这样一段专心成长而无须赶路的时光。

2025 年 7 月 27 日

于美国波士顿

中文版推荐序二

卢　林

心理治疗师，主任医师

中国心理学会临床心理学注册工作委员会注册督导师（D-21-034）

大概是在2017年，在伦敦的一次英国精神分析会议上，演讲者在分享她们对孤独症儿童所做的观察、工作与思考，坐在我旁边的一位优雅的英国女性就演讲的内容与我们这些参会的小伙伴开始哝哝。她对个案的理解独有见地，令我折服，由此开始了我们长达八年的工作联系与友谊。她就是英国著名的儿童青少年治疗师迪尔德丽·道林。

迪尔德丽的花园是我认识的老外中唯一一个既种菜又种水果的花园，去她家玩，不仅可以吃到她自己种的鳄梨，还可以吃到她亲自栽培的蔬菜，那种踏实又亲昵的感觉，就像回姥姥家一样。她的花园里琳琅满目，不经意的、自然的风格，除了熨帖了视线、感动了心灵，很难用语言描述，只有两个词最贴切：舒服与惬意。它会让你觉得那就是你想要的。两年后我弄自己的院子时，不由自主地也追寻了这种风格。

而这很像她的临床风格和写作风格：循序渐进、细腻入微、深入浅出，对个案的理解和反应敏锐而灵动，既充满深切的关怀，又如春风拂面，温暖、温柔，更能直击人心。我常常感慨，坚冰融化也不过如此吧！

八年前的一次晚会上，迪尔德丽送我了这本书的英文版，读后心里满是感动，后来也将这本书加入到蓝天动力性儿少咨询师培训课程中来，效果不错。

很高兴我们培训班的学员刘芬老师、陈琼老师、杨歆喃老师把这本书翻译成中文，他们严谨而细致的翻译将迪尔德丽文字中温柔、细腻、灵动的风格，在中文语境里完美复刻，我非常欣赏与嫉妒，也为中国的儿少心理咨询师多了一本好的工具书感到开心！

中文版推荐序三

与儿童青少年工作中在场的勇气

郑　凯

美国精神分析研究会（AIP）精神分析师候选人

中国心理学会注册系统督导师

15 年前，我在心灵花园当志愿者时，第一次被指派去“陪”一个拒绝沟通且具有攻击行为的七岁女孩。督导的一句话至今让我印象深刻：“别急着让她说话，先让她确定你受得住她的不说（攻击）。”见面的那一天，我僵坐在简陋的沙盘室里。我尝试邀请女孩一起游戏，但她一言不发地坐在我旁边，当时我几乎能听见时钟在滴滴答答，内心局促不安。大约 10 分钟后，女孩站起来顺手把沙具架子上一整盒拼图哗地推倒在地上，转身爬上旁边一个旧桌子上看着我。我温和地看了看她，蹲下去捡拼图碎片，手指突然被木刺划破，血珠滚在拼图上。女孩忽然开口：“你流血了，也不跑？”那一刻，我隐约触到一点“秘籍”——心理咨询不是咨询师去“解决问题”，而是他“承受问题”的能力。

在读到这本书的校样时，我才发现，那点“秘籍”在本书中被写得通透。它像一位耐心的老督导，把“如何承受”拆成无数个可能性，贯穿整个咨询过程。它帮助咨询师与儿童青少年共同创造一个安全的探索性空间，从而为咨询的深入推进提供可能。本书中提到了很多与儿童青少年及其家庭工作的核心技术，详细介绍了各种挑战或危机情境的工作方式，并把这些技术拓展到了咨询室外，为帮助更多情绪受苦的儿童或青少年提供可能。这些宝贵而又丰富的材料，带给我的思考是如何在与儿童青少年工作时让自己“在场”。

这些年与儿童青少年工作的经验告诉我，咨询师如何与自己的内在小孩相处，是否足够好地理解自己的内在小孩的渴望、需要、冲突等是咨询能否深入的重点。如果我们的内在小孩的部分积累了大量未被消化的情绪，我们很容易被来访者的情绪激活而无法“在场”，而这些大多都发生在潜意识过程中。尽管这些部分需要在咨询师的个人治疗中去谈论，但在本书中，作者为我们提供了很多临床案例，我在读这些案例时会想到我的来访者，以及作者的思考和处理方式，让我看到了如何与来访者在一起、如何在场。

尽管本书提出了很多与儿童青少年工作极具操作性的方法和流程，但在我看来它不是一本学完就能上手的工具书，而是需要我们慢慢与之浸泡在一起，带着书中的思考方式，与每一位不同的儿童或青少年一起找到属于与这位来访者工作最有效的精神分析工作方式。心理咨询的工作无法复制，与每位儿童与青少年的工作方式也都会不同，这既是一种挑战也是一种乐趣，需要作为咨询师的我们慢下来，也需要我们允许自己慢一点，再慢一点。

在慢下来的空间中带着好奇去观察、体验和反思儿童青少年的一言一行，你可能也会出现血流在拼图上的时刻，我想那一刻就是咨询开始的信号。

谨以此序，把本书献给所有愿意“在场”的人。

前言

这本书的出版源于我在英国培训和督导儿童精神分析心理治疗师的经历，以及在海外与儿童一起工作的过程中教授心理治疗方法的经历。作为一名儿童心理治疗师，我认为这是一个借鉴了广泛观点的个人叙述。它也在很大程度上遵循了温尼科特的独立学派儿童心理治疗传统，温尼科特鼓励心理治疗师在经过审慎思考的心理治疗结构中采取一种创造性的游戏式方法。

我的目标是让儿童和青少年的精神分析疗法更容易被大众接受。那些想成为儿童心理治疗师的人、那些刚刚开始接受培训的人，或者像我过去那样的儿童护理工作者，他们正在努力弄明白如何在没有接受正式心理治疗培训的情况下帮助问题儿童。考虑到精神分析心理疗法为脆弱的儿童及其家庭提供的东西可以帮助打破创伤和痛苦在几代人之间的传递，我的书也可能对管理者和决策者有用。

像许多儿童心理治疗师一样，我成为儿童心理治疗师的过程是曲折的。对故事和人物的痴迷让我获得了英美文学学位，然后我又接受了社会工作的研究生培训。我擅长与孩子和家庭打交道，后来管理了一个负责照料孩子的团队。我对许多寄养和收养家庭的失败感到失望，因为我们安置的孩子受到他们过去经验的困扰，无法与新的替代家庭建立真正的关系。我意识到我没有能力或经验去理解这些孩子的行为和不快乐。大约 45 年前的一次意外经历，让我对心理治疗有了更深入的了解，我认识到这种疗法可能会帮助这些孩子。我之所以担心要把一个孩子从她那抑郁和忽视她的寄养父母身边带走，是因为我认为这会对这个没有其他家人的孩子产生影响。有人告诉我安娜·弗洛伊德诊所（Anna Freud Clinic）的事，我联系了他们寻求建议。他们邀请我参加周三的咨询会，在会上我紧张地陈述了个案情况。安娜·弗洛伊德也在那里，尽管她年事已高，但在我看来很强势。她在讨论总结中告诉我，如果我们把孩子从寄养家庭转移到另一个家庭，这个孩子需要密集的心理治疗来恢复。我们听从了她的建议，我定期与那里的社工见面，就我与她的工作进行讨论，而孩子则接受了一名实习生的密集心理治疗，每周三次。通过这种特殊的帮助，我看到这个小女孩慢慢地增强了自信和自尊。这促使我决定接受英国心理治疗基金会（当时的英国心理治疗协会）的独立学派为期四年的儿童心理治疗培训。我曾作为一名社会工作者，在一个儿童和青少年社区心理健康小组与那些受创伤的儿童一起工作，为他们提供治疗。在获得资格后，我转到卡塞尔医院家庭服务中心（Family Service of the Cassel Hospital）工作，这是一家位于伦敦西部为遭受严重痛苦的家庭提供心理治疗的住院服务机构。我在那里工作了多年，直到这家机构关闭。

幸运的是，我随后获得了在独立学派的儿童和青少年精神分析治疗培训中担任临床负责人的机会，这个地方是我多年前曾学习过的地方。我开了自己的私人诊所，我现在的工作主要是在诊所里。

这些经历塑造了我的儿童心理治疗方法，我的方法强调在家庭背景下观察儿童的治疗工作，以及与父母合作的重要性。这本书在第一部分和第二部分仅仅描述了为什么和如何进行儿童精神分析心理治疗，以及治疗技术的核心概念。在本书的后半部分，当我继续思考专业工作时，情况变得更加复杂，这使得读者和更有经验的儿童心理治疗师有机会在书中最初概述的想法基础上进一步提出自己的想法。

心理治疗是令人惊讶的、复杂的和有挑战性的。温尼科特把游戏看作一个我们在自己想象的世界里与自己的想法玩耍的创造性空间，且他把这看作心理治疗中必不可少的内容。在儿童心理治疗中，我们在与孩子的治疗关系中创造了这样的空间，游戏、故事和对话是他们出声思考的自然媒介。在精神分析心理治疗中，我们提供了一种治疗关系，在这种关系中建立信任，释放了年轻人解决问题的创造力。治疗师鼓励儿童或青少年主导游戏和对话，讨论已经出现的困难。在50分钟时长的固定治疗中，儿童对问题的想法和感受会以一种意想不到的方式出现。无论是口头的还是非口头的线索，儿童心理治疗师必须对任何线索保持开放，并接受这些线索，这可能会带来对年轻人潜在的情感困扰的理解。下面我将介绍萨拉，她用一种富有想象力的方式告诉我她在治疗室里使用游戏材料的感受。

萨拉，一个九岁的小女孩，因为经常在家里和学校不开心和生气而被推荐到我这里接受心理治疗。她早年的生活受到家庭危机和多次搬家的困扰。她的妈妈意识到这些早期的压力已经影响到了女儿的情绪发展，现在想要帮助她。我一直在困惑如何在我们每周的会谈中触动这个小女孩，因为她似乎对游戏材料或对话并不感兴趣，直到有一周，她找到了一种方式与我“交谈”。她走进治疗室，故意走到装玩具的盒子前，拿出绳子、纸、签字笔、胶带和剪刀。她在房间里做了一条晾衣绳，然后把正方形的纸挂在晾衣绳上，纸上画着乌云、闪电和雨。当她完成时，她得意地转向我说：“这是我的气象地图。”我向她诠释道，她的照片反映了她内心的感受，自我上次见到她以来，她这一周过得很艰难，充满了风暴、不快，也许还有些争吵。她点了点头，我们继续一起思考家里发生的事情。这样的理解让萨拉在以后的治疗中更容易跟我谈论她自己。然而她会定期贴一条新的气象线条，让我知道她很难用语言表达她的想法。

找到一种方式来谈论对儿童来说重要的事情，是建立任何新的治疗关系的关键部分，有时需要好几个星期。

当儿童或青少年患者开始进行心理治疗时，他们内心的混乱往往被隐藏起来，我们只能看到症状；我们只看到那些因他们的痛苦而引起的愤怒、破坏或退缩的行为。我们经常发现，年轻人在内心里很容易自我批评，同时知道这样的做法正在让他们疏远那些亲近的人。帮助一个儿童或青少年开始以一种更富有同情心的方式触碰这些内部冲突是治疗的重点。有了更多的自我了解，年轻人就更有可能接纳自己。首先，他们会允许一些来自心理治疗师的关心和照顾，然后会允许一些来自他人的关心和照顾。要在患者和心理治疗师之间实现这种开放和信任的思想交流，还有很多工作要做［在这本书中，我使用了“患者（patient）”这个词，它源于拉丁语单词 patiens，意思是“受苦的人”，而不是“当事人”，因为它更接近于“治疗”的意思］。恢复通常是一个缓慢且难以实现的过程，因为身体和心灵发育的复杂性，以及我们对探索痛苦问题和面对改变的天然阻抗。

儿童心理治疗师最初面临的挑战是建立治疗同盟，对困扰患者的问题形成理解，然后与年轻人一起工作，一个接一个地应对这些问题。在这本书中，我将探讨如何做到这一点，在不同的设置下观察个体心理治疗，以及这些想法如何应用到其他地方。我将介绍我在工作和教学中发现的有帮助的想法，希望这将鼓励读者进一步了解本书。

在第一部分中，我绘制了儿童心理治疗的地图。我先描述了治疗过程，接着描述儿童心理治疗师布置治疗室，会见孩子和家长，并形成评估。接下来我将更详细地研究儿童的情绪发展以及我们如何根据他们的理解水平来决定我们的治疗工作。我也考虑过短期治疗，让家长参与到持续的工作中来。大多数儿童心理治疗师都是作为团队的一部分而工作，所以我会花一些时间思考团队生活的动力和反思性空间的重要性。这部分内容是治疗工作的一个关键部分，我把这部分内容放在了治疗方法之前。

在第二部分中，我讨论了儿童心理治疗中更具有挑战性的方面，比如我们可能会失去方向感或犯错误，以及督导如何帮助我们理解这些困难。在第三部分中，我更详细地讨论了家庭中出现的特定痛苦事件（如父母的精神疾病或离婚）对年轻人的影响，以及我们可以从研究中学习到什么来指导我们。第四部分聚焦儿童心理治疗的发展以及如何适应不同的情境。

我想补充的是，所有的临床情境都是虚构的，是融合了我所见过的许多孩子和家庭才创造出来的，以保护他们的隐私。

本书只是对儿童和青少年精神分析治疗师工作的介绍，我希望那些治疗儿童和青少年的人士会对此书感兴趣，他们可能有兴趣提高自己的技能。在英国，一名儿童精神分析治疗师的培训需要四年时间，包括每周四次的个人精神分析、理论教学和在督导下的临床实践。无论如何，我介绍的想法和技巧与许多治疗师以及那些与问题儿童一起工作的治疗师相关，并且可以开启一段学习之路，这些年来我一直发现这是值得的。我在督导工作中遇到或听到的每一个新个案，都给我的理解带来了新的挑战，有时也给我带来了新的见解，让我认识到如何做这项困难但重要的工作。在我看来，儿童心理治疗的目的是消除阻碍儿童和青少年情绪发展的障碍，使他们有能力以自己的方式应对生活中的挑战。一旦儿童或青少年在他们的家庭关系和友谊中变得更加安全，当他们可以学习或工作，并对外面的世界产生兴趣时，我们的工作可能就完成了。他们就该准备结束心理治疗了。

参考文献

Winnicott，D.W.（1968）Communication between infant and mother and mother and infant，compared and contrasted. In L. Caldwell & H. Taylor Robinson（eds）*The Collected Works of D.W. Winnicott*，vol. 8，pp. 227–238. New York and London：Oxford University Press，2016.

目录

第一部分

绘制儿童青少年心理治疗的地图

第1章 治疗过程 / 003

为治疗创建一个安全的空间 / 003

理解儿童的游戏和表达 / 005

理解防御并做出诠释 / 009

对诠释的进一步思考 / 014

在移情和反移情中和我们的感受一起工作 / 016

修通即改变的过程 / 018

第2章 创建治疗设置 / 024

治疗室的设置 / 024

游戏或工作材料的准备 / 025

第3章 进行评估并开始工作 / 027

会见父母 / 027

记录成长史 / 028
第一次和孩子见面 / 032
家庭会面 / 034
进行评估 / 036
开始工作 / 039
早期会谈中的焦虑和破坏性行为 / 040

第4章 不同年龄儿童的心理治疗方法 / 043
亲子心理治疗 / 045
与学步儿童和五岁以下儿童合作 / 053
与低年级学龄儿童进行的治疗：潜伏期 / 062
青少年心理治疗 / 070

第5章 关于短程治疗的反思 / 084
养育评估 / 086
短程儿童心理治疗技术 / 086

第6章 家长的参与 / 090
将与父母的治疗工作作为儿童治疗的支持 / 091
养育和文化的影响 / 096
家庭成员之间的投射过程 / 096
生活事件对儿童发展的影响 / 097
与父母一起工作的挑战及风险应对 / 101
在住院环境下和父母的治疗工作 / 104
从家庭走向社区 / 105
安排父母和接受治疗的孩子的联合会谈 / 106

第 7 章 团队工作的乐趣与挑战 / 108

多学科团队 / 109

涵容性环境的重要性 / 111

复杂个案带来的复杂动力 / 112

反思性团队 / 116

独立工作 / 118

结论 / 118

第二部分

困难时刻：儿童青少年心理治疗的挑战

第 8 章 直面绝望、质疑、愤怒，并寻找希望 / 123

失去希望 / 124

从仇恨中存活下来 / 128

深陷绝望 / 129

希望和改变的恐惧 / 130

巩固进展 / 132

自我关照 / 132

第 9 章 从错误、迷失中学习，了解督导的价值 / 135

理解我们的错误 / 136

从经验中学习 / 138

治疗初期的不确定性 / 139

治疗室内外的付诸行动 / 141

过早结束心理治疗的影响 / 142
督导的价值 / 143

第 10 章 向结案而努力 / 146
未解决的丧失体验 / 147
在心理治疗中处理丧失和分离 / 148
什么时候结束才是正确的？评估改变 / 152
计划之中和意料之外的结束 / 153
持续的变化：睡眠者效应 / 156

第三部分

与处于危机中的儿童青少年及其父母的治疗工作

第 11 章 私密会谈：与患有精神疾病以及脆弱父母同住的儿童和青少年的治疗工作 / 161
孩子的经历 / 162
对成长中的孩子的情感影响 / 164
对情绪安全感的需要 / 164
儿童和青少年的治疗工作概述 / 168
与父母、婴儿及五岁以下孩子的治疗工作 / 170
对健康父母的支持：父亲 - 婴儿心理治疗 / 172
对潜伏期儿童的治疗工作 / 173
对青少年的治疗工作 / 175
精神疾病对家庭的影响 / 178
对脆弱和痛苦的父母的治疗工作 / 179

第 12 章　与父母分居或者离异家庭中的孩子的治疗工作　/ 183

婚姻冲突和离婚对孩子情绪的影响　/ 184

父母的冲突经历及其对孩子的影响　/ 187

从丧失中恢复：对父母离异的孩子的心理治疗工作　/ 188

和解的幻想　/ 189

缺席父亲的影子　/ 191

与继父母的心理治疗工作　/ 192

一个年轻人对心理治疗的思考　/ 193

结论　/ 193

第四部分

儿童青少年心理治疗在诊疗室之外的应用

第 13 章　新路径：将心理治疗应用于其他设置中　/ 197

医院里的儿童心理治疗　/ 197

学校里的儿童心理治疗　/ 200

对年轻难民的心理治疗　/ 206

为被照顾的儿童和收养家庭提供心理治疗服务　/ 210

咨询　/ 213

结论　/ 216

后　记　/ 219

译者后记　/ 221

An Independent Practitioner's Introduction to Child and Adolescent Psychotherapy

第一部分

绘制儿童青少年心理治疗的地图

第 1 章
治疗过程

在前言部分，我提到了温尼科特的观点，即心理治疗应该提供一个创造性的空间供患者和治疗师交流想法。他认为，要实现领悟和情绪转变，需要我们相信儿童创造性游戏或青少年对话中的无意识过程，以揭示关于自我意识的核心问题。这只可能在患者感到安全的可靠治疗关系中发生。

那么我们如何在治疗工作中建立创造性的空间呢？作为儿童心理治疗师，我们的房间里通常没有自愿前来的患者。年轻人前来，是因为父母或照顾者担心他们。因此，建立并维持一个治疗同盟可能很困难。我意识到，当一个年轻人和我一起寻找问题所在，而非逃避或“潜水”以回避情感接触和痛苦的现实，这时的会谈会有显著的不同。

在本章中，我将探讨治疗过程的五个方面，它们有助于创建治疗框架。这五个方面是：（1）为治疗创建一个安全的空间；（2）理解儿童的游戏和表达；（3）理解防御并做出诠释；（4）和我们的感受一起工作；（5）修通即改变的过程。当然，治疗的这些不同方面相互联系，就像在编织物中形成图案的不同颜色的线。然而在实践中，单独查看每一根线以了解其对整体的贡献，是很有帮助的。

为治疗创建一个安全的空间

当我们试图理解儿童游戏或年轻人与我们交谈中的潜在主题时，通过深入倾听和密切观察，我们就在心理治疗中创建了一个安全的环境。许多孩子之前没有体验过如此细致的关注，当有人倾听他们的烦恼时，他们会感到宽慰。当然，他们也可能会感到焦虑，并且抗拒这种依赖的状态，特别是当他们生活中的成人至今都不值得被信任时。

深入探索是能够思考、理解自己情绪和感受的必要前提。W.R. 比昂（W.R. Bion）在他的“思考理论”（Bion，1962a）章节中，描述了儿童如何通过让照顾他们的父母以可管理的方式倾听和反馈他们的感受，从而学会理解自己的感受。比昂把这称之为“涵容”（Bion，1962b）。温尼科特（Winnicott，1945）以类似的方式使用了“抱持”一词，但是他强调父母以慈爱的方式给予孩子实际照顾的重要性，以培养这种内在安全感。我们都看到过一个婴儿或学步儿童在摔倒或丢失玩具后沮丧地号啕大哭，只有当一位慈爱而坚定的父母给予安慰并试图理解问题所在时，孩子才能被抚慰。

比昂还指出，没有被以这样的方式安慰而是独自面对强烈感受的幼儿或婴儿，会体验一种他称之为“无名恐惧”的恐怖感（Bion，1962a：183）。一位感到孤独和痛苦的母亲可能无法安慰孩子，因为她对孩子这些强烈的感受感到害怕。这也许是因为，孩子的哭喊触发了她自己小时候心烦意乱的记忆。她可能会退缩或愤怒地做出反应，尤其是在这些困难时刻没有人支持她时。如果在其他时候，父母能给予安慰和爱，婴儿就可以度过一些痛苦时刻。我们只需要做刚刚好的父母（Winnicott，1953）。但是，经常独自面对不可控情绪的婴儿或儿童，将无法学会平静，还可能变得易怒或孤僻。这些就是我们后来在心理治疗中经常看到的孩子：孤僻者，充满焦虑，或者因攻击性爆发后疏远周围人，原本周围人可能会试图提供帮助。

因此，借由我们在治疗中的密切关注，以及我们与孩子交流感受的能力，我们提供了一种情感抱持体验，这样能帮助孩子开始理解问题所在。有时，面对情感极度匮乏的孩子，似乎是从我们最开始，即第一次命名他们的感受时，就是在提供情感抱持。

很多年前，当我还是一名社会工作者时，我被请去见汤姆—— 一个大约10 岁的西印度男孩，在学校表现得很孤僻。他由抑郁孤独的父亲抚养长大，父亲长时间工作就是为了抚养他。他们最近才在这个国家定居下来。当我每周和汤姆进行规律的会谈时，他会密切关注我的脸，这让我想到一个小婴儿研究妈妈的脸，试图弄清楚他在妈妈脸上看到的感受。他有时会问我是快乐还是悲伤，好像他不知道如何解读我的表情或行为，也不知道如何读懂自己的表情或行为。我会告诉他我所认为的他当时的感受及其带给我的感受，这引发了关于他的生活和孤独的对话。那时我还不是一名训练有素的儿童心理治疗师，但是我仍然记得汤姆如何变得更活泼，以及如何期待我每周来访时我们的谈话。他逐渐获得与周围人接触并被安慰的信心，比如他所就读的特殊学校的老师们。

就好像这个少年知道，他缺少一个能帮助他理解自己的贴心人，而他在我身上找到了这一点。我经常在我见过的那些更加贫困、更多问题的孩子身上看到这种对善解人意的成年人的渴望。尽管他们对成年人早期施予的剥夺或创伤感到愤怒和失望，他们可能对心理治疗感到不满和怀疑，但他们也可能正在寻找一种联结和被理解的感觉，这种需要从未改变。

理解儿童的游戏和表达

什么比事实还真实？故事。

——犹太谚语

游戏和讲故事是儿童思考自己和世界的天然方式。当我们在治疗中给孩子们提供游戏和绘画材料时，我们就是让他们知道，我们将他们的想象世界视为一种重要的思想来源，一种探索他们担忧的方式。事实上，直到孩子们开始自发地、富有想象力地表达自己，同时我们开始将此和我们认为的他们感受和看待生活的方式联系起来，他们才真正理解治疗是如何起作用的。

游戏和鼓励孩子们讲故事的目的是发现他们的内心世界，这里我指的是他们对自己和生活经历的看法。当治疗师更具指导性，为游戏环节提供主题或问一系列问题时，儿童只会透露表层想法或者他们认为治疗师想听的内容，而不是困扰他们的潜在情绪压力和冲突。因此，当一个孩子自发地开始讲故事时，也许是设置两军交战的场景，我会鼓励讲故事的人详细描述。是谁牵涉其中？是什么导致了这场战斗？是什么让他们愤怒？当恐惧和幻想浮现在孩子的脑海中并成为叙事主题时，这个故事通常会发展下去，有时会出乎这个孩子和我的意料。正如犹太谚语暗示的那样，这些故事在孩子们谈论自己时有其真实性，但故事中的感受被保持在一个安全的距离内，因此他们不会感觉被暴露。起初，我只是倾听并表现出兴趣，但渐渐地我可能会开始同情角色面临的挑战。我可能会谈论角色的感受，以及我认为事件发生的原因，而在某种程度上，孩子们认识到这个故事也是关于他们自己的。

在几周的时间里，这些故事在会谈中不断发展，出现了代表这个孩子自身感受的主题。儿童游戏和故事的美妙之处在于，它们在许多层面上产生了共鸣，因为它们像诗歌和神话一样富含隐喻和象征意义。然而在实践中，儿童或许会抵制这种想法。彼得·威尔逊（Peter Wilson）在其题为《潜伏期与必然性》（*Latency and Certainty*）的关于潜伏期儿童（6 ~ 10 岁）的论文中提到了原因。他写道，尽管这个年龄段孩子们的游戏很有趣，但他们往往否认游戏有任何超出具体事实的意义，这让治疗师感到沮丧。

> 潜伏期儿童向心理治疗师提出了一个特殊的双重挑战：克服看似无动于衷甚至迟钝的阻抗，同时阐明并理解丰富和具有想象力的幻想材料。从某种意义上来说，孩子不允许模棱两可。（Wilson，1989：59）

他认为孩子不允许模棱两可的原因是，模棱两可在这个年龄段不容易被忍受。孩子们坚持要知晓和确定，以保护自己在自信心不稳定的年龄不必面对复杂的感受。自信心不稳定，是因为他们正尝试学习许多新技能。其中一个有趣的问题是，基于这种幻想进行的儿童游戏过程是否具有治疗作用，因为富有想象力的游戏过程会引起孩子内心的变化，或者游戏是否需要由心理治疗师用语言表达出来，并有意识地与孩子的自身经历联系起来，以便被理解和内化。对此，我不确定。

当孩子开始探索一个痛苦和令人担忧的问题时，心理治疗的挑战之一就是如何应对孩子因此产生的焦虑。这个问题之前被拒之门外，是因为它太令人不安而无法面对。当感受变得过于强烈时，儿童会自然而然地中断并将注意力转移到其他地方。我们允许这种情况发生，以便他们能以自己可以控制的速度面对焦虑。否则，这个孩子可能会变得非常有破坏性，我将在本章后面讨论如何处理这个问题。当儿童变得更有弹性时，我们可能会注意到这种防御性回避，以鼓励他们面对以前可能过于脆弱而无法思考的议题。不过，这是一个需要由治疗师仔细判断的事情。

儿童故事中的幻想、魔法和现实元素交织在一起，并且儿童游戏的象征意义让我们能更深入地探索他们游戏的意义。就像我在章节开篇描述的那个小女孩，她把暴风雨天气的画作挂在绳子上，来描述她生活中的情绪动荡。孩子们的童话故事充满了这种意象，就像格林兄弟创作的白雪公主的故事一样，巫婆给公主的毒苹果象征着她对这位年轻貌美的公主的嫉妒和敌意。一个小女孩在和我游戏时使用了同样的意象。她用橡皮泥给我做了一个“美味”的蛋糕，但当我切开时看见里面有一条虫子，真是个煞风景的“惊喜”。这是一种强有力的方式来表达她对过去经历的恐惧，在我们“美好”关系的表面之下，隐藏着仇恨的情绪。

作为心理治疗师，当我们坐着观察儿童游戏或聆听青少年谈论他们的生活时，我们允许想象力自由发挥。这是一个互动过程，我们必须意识到自己经验的哪些方面被带入到了关系中，而哪些经验是属于患者的。在阐明我们如何体验特定象征和语言时，文化差异至关重要，部分是因为这些象征和语言在不同社会中具有不同的含义，部分是因为儿童生活环境的现实非常不同。一位马来西亚的治疗师曾告诉我，他对蜘蛛和蛇感到恐惧，因为他生长于热带地区，而那里的蜘蛛和蛇会危及生命。对他而言，蜘蛛和蛇的意义与在英国长大的孩子截然不同。在英国，蜘蛛和蛇可能代表某种可怕的东西，但实际上并无危害。允许儿童告诉我们，故事中的人物和象征对他们来说意味着什么，并仔细检查我们的联想，以确保我们进入了他们的想象世界，并像他们那样感受。

弗洛伊德认为，梦是探索我们内心世界的另一条沃土之路，是通往无意识的康庄大道。根据我的经验，儿童的梦通常比成人的梦更少伪装、更易理解，尽管在儿童接受我们关于梦的意义的暗示之前，他们可能需要一些诠释。与成人的心理治疗工作一样，重要的是永远不要独立分析一个梦，不要脱离了这个孩子最近的治疗工作背景。一个小女孩可能会告诉你，她的梦中有个怪兽威胁要吃掉她，或者有只可怕的猫会抓她的脸，但这些饥饿、恐惧和愤怒的画面，需要被理解为她的经历和正在进行的临床资料的一部分。与儿童谈论他们的梦，可以让梦成为他们有意识思维的一部分，并且通常可以减少由噩梦带来的恐惧感，因为这些梦境素材会成为儿童对生活日常理解的一部分。

并不是所有的孩子都觉得游戏很简单。对一些人来说，他们的想象世界很可怕，反而在游戏和对话的结构化世界中感到更安全；其他人则如安妮·阿尔瓦雷斯（Anne Alvarez）所描述的那样，过于孤僻或“迷失”，表现得对我们和这个世界毫无兴趣，因为他们不再期待这种经历能给他们带来安慰。当儿童在婴儿时期就缺乏照料，或者被隔绝在类似自闭症状态下时，就会出现这种情况。阿尔瓦雷斯（Alvarez，1992）描述了为了挽救这些孩子，我们应该怎么做来把自己变成现场玩伴。我们邀请他们与我们一同玩耍或交谈，当他们短暂地卸下伪装时，我们会用热情的鼓励来放大这些时刻。我们的目标是逐渐修复这些孩子的信念，即人们和这个世界可以为他们提供一些东西。阿尔瓦雷斯在她的著作《现场玩伴》（*Live Company*）中，完美地描述了这类患者，即用决定性的方法治疗非常匮乏或患自闭症的儿童。

一旦建立了治疗同盟，诠释什么以及何时诠释这一关键问题就变得很重要。我将在下一节探讨这一内容。

理解防御并做出诠释

心理治疗的一个具有挑战性的方面是知道说什么以及何时说，即如何将我们的想法和观察转化为语言，以便年轻患者能理解。我们必须对儿童的情绪能力保持敏感，即他们在我们开口之前就听出来我们想要说什么。如果孩子太沮丧、困惑或者疑心，那么我们的话就会毫无意义，甚至还会被负面解读。当然，谈话只是治疗反应的一部分，更重要的是，我们的倾听能力如何，以及能否作为沉着和体贴的存在。帮助儿童把他们的感受和想法用语言表达出来，这能让他们开始理解自己、仔细思考。这样，他们就能够把愤怒和痛苦的感受传达给他人，而不再需要付诸行动。

这种在合适的时间、以恰当的语言对儿童做出回应和解释的技能，是随时间发展的。我使用的是最广义的“诠释”一词，正如其在牛津词典中定义的一样：说明某物含义的行为。

在精神分析的思维中，“诠释”一词有个更为特定的用法，其定义更侧重于让潜在意义变得明显：

> 诠释是将幻想、关系的各个方面、焦虑、冲突和防御转化为语言的过程，即让患者意识到并知道这些内容。同时，诠释是对患者思维方式的洞察。这些内容未曾被知晓，因为它们不被接受，因此一直被压抑在潜意识中。（Lanyado & Horne，1999：168）

在进一步讨论之前，我想做一个更简单的讨论，我们为什么以及如何在会谈中说话。想象你正在观察一个孩子玩耍。你可以通过简单地反馈所见来表达兴趣，或者你可以问一些开放性问题，以帮助这个儿童或青少年告诉你更多并发展他们的故事。在这个早期阶段，询问“什么”和“如何”的问题通常比询问“为什么”的问题更有用，因为这些问题可以鼓励孩子详细描述正在发生什么，并构建他们的叙事。

> 安东尼是一个性格孤僻的少年，由于焦虑和缺乏自信，他被推荐接受心理治疗。会谈中，他告诉我他花了一个下午尝试写一首歌。我鼓励他多给我讲讲他的歌。与此同时，我对他的情绪很关注，关注他与我说话时有多焦虑。安东尼提议，用他的电话给我播放这首歌。我听了，歌词与他的生活有关，他经常感到困惑和孤独。起初我什么都没说，因为我不想打断这种流畅的状态，也不想让安东尼觉得我在打扰他。当我觉得时机恰当时，我指出这首歌也在向我们讲述他的事情。他点点头，不再说话，然而，我们之间的联结时刻很重要，我会在稍后或未来的会谈中再谈这些主题。

这就是心理治疗更像一门艺术而非一门科学的地方。对于这种类型的谈话，没有明确的规则去遵守，但有一些指导原则可以帮助我们认识到，在某个时刻应该对儿童使用何种程度的干预。

首先，理解防御是如何工作的，这很重要。因为在做出诠释时，我们需要尊重儿童的这些自我保护策略，以免让他们暴露在太多的焦虑中。安娜·弗洛伊德（Anna Freud）是一位精神分析学家，她既与儿童工作，也与成人工作。防御的概念最初由她的父亲西格蒙德·弗洛伊德（Sigmund Freud）提出，而她将此概念发展为一种思考方式，即我们如何在情绪上保护自己不被焦虑和痛苦的感受所淹没。这些防御是自我（心理自我）的无意识策略，用来避免自身或人际关系中的冲突和焦虑。我们每个人都发展出了独特的防御方式，这在我们的成长过程中是必要的，然而防御会变得僵化并妨碍我们的情绪发展。另一方面，一些年轻人没有足够的保护壳，以至于很容易就被愤怒或焦虑的感受淹没，这让他们感觉到内心崩溃。这些孩子需要帮助，通过体验一段被抱持和理解的关系，来发展出合适的防御。

安娜·弗洛伊德在她的著作《自我与防御机制》（*The Ego and the Mechanisms of Defence*）中描述了这些防御机制。从那以后，很多人发展了防御的概念，但是保护自己免受痛苦现实影响的核心思想仍然存在。下面我将介绍一些防御，这些防御在我们和儿童的工作中观察到并最常遇到。当焦虑或依赖的痛苦感受被否认或回避时，你可能会意识到**否认**（denial）。另一个是**分裂**（splitting），这是五岁以下的儿童和青少年处于压力时非常典型的防御。然后，这个世界被严格地分为好的和坏的，“我是好的，你是坏的”，或者反之亦然。分裂最初发生的原因是，婴儿无法处理对所爱父母又爱又恨的矛盾感受，所以不能接受的愤怒感受就会被分离出来，以保护好的感受。随着我们逐渐变得成熟，我们有能力将对最亲近的人的爱和恨整合在一起。爱缓和了恨，这样我们就能将他们作为一个整体的人，对他们有全面的认识。

投射（projection）是导致分裂的一种防御。在投射中，人们把属于自己的不可接受的感受看作别人的。当儿童想要摆脱这种被迫害的感受时，他们会告诉治疗师，她（治疗师）很愚蠢或愤怒。投射性认同是由梅兰妮·克莱茵（Melanie

Klein）在 1946 年提出的一个概念，它描述了这样一种投射，即自我不可接受的婴儿部分在幻想中被分裂成母亲或治疗师，作为一种有力的沟通或者一种入侵来控制他人。一个婴儿的啼哭具有这种特性，即急促到几乎迫使母亲在那一刻就要采取行动来满足婴儿的需要。虽然这是一个复杂的想法，但它有助于诠释治疗中的这些时刻，也就是治疗师感受到儿童的痛苦并且难以思考的时候。当不可接受的感受转变成相反的感受时，其使用的防御就是**反向形成**（reversal）。这个年轻人通过说“我很好，我能搞定”来掩盖隐藏的根本无法处理的焦虑。**躯体化**（somatisation）是另一种无意识防御，在年幼的孩子中非常典型。他们的痛苦情绪作为一种身体症状存在于躯体中，比如胃痛就隐藏着无法思考或无法用语言表达的感受。在第 13 章中，我将进一步谈论儿童心理治疗师在医院对儿童躯体疾病所做的治疗工作。

另一个需要识别的重要防御是**与攻击者认同**（identification with the aggressor），即一个年轻人作为虐待受害者感到受伤和无能为力，但却对另一名受害者扮演施虐者的角色，以此来战胜自己作为受害者所产生的恐惧。在处理这些防御时，儿童心理治疗师必须找到一种识别年轻患者焦虑的方法，但又不能直接挑战防御，否则只会增加这个孩子的阻抗。一个小女孩可能在会谈中坚称感觉良好，尽管我了解到她因感觉痛苦而将自己孤立。我倾听她的谈话，并等候她的诠释出现，那个能让这种痛苦更容易表达的诠释，或许在会谈的晚些时候才出现。抑或是我说了一个更普通的观察，即“生活有时是痛苦的”。通过这种方式，小女孩的情绪得到了承认但又保持了一定的距离，且不会很个人化。

安妮·阿尔瓦雷斯在其著作《现场玩伴》中，同样重视对防御的讨论。她认为，发展一种防御结构或许是弱势儿童的一项成就，以帮助他们保护自己不被痛苦的感受淹没。她认为我们应该支持这些防御，以免破坏他们在管理自己和关系时所做出的努力。我们可以这样看待**全能感**（omnipotence），一种表现为儿童主张权力或控制的防御，以对抗无力感。一个小男孩吹嘘自己很强壮，能和操场上的任何人打架。与其用痛苦的现实浇灭他的幻想——他太弱小了，没法和别人打架，不如用更温和并能支持自我的回应：指出他期待有一天，自己有力量对付那些想和他打斗的男孩。

置换（displacement）这一防御是将想法或感受与其来源分离，并归因于别处。儿童自然地将感受转移到故事中，他们在故事中的角色反映了自己的经历，但又与自己保持着一段安全距离。作为治疗师，这让我们能在安全距离内谈论困难的感受。在和儿童工作中，玩偶是很有用的工具，因为儿童能富有想象力地将感受赋予玩偶。当孩子觉得有点拘束而不能对治疗师表现得调皮或粗鲁时，一个米老鼠玩偶可以这么做。玩偶也可能是一个比我更招人喜爱的倾听者，一个不快乐的孩子有时会向我手中的心爱玩偶倾诉，却拒绝直接告诉我出了什么问题。

另一个防御是**躁狂式兴奋**（manic excitement）。儿童经常逃入狂热的活动或兴奋的行为中，来躲避不快乐的感受。如果儿童让自己停下来思考，这些不快乐的感受就会浮现在脑海中。这是会谈中儿童危险行为背后的动力之一，或者是他们无休止地从一个活动转移到另一个活动的方式。这种兴奋行为必须在治疗中小心应对，以防止儿童在变得躁狂时游戏失控。儿童变得躁狂，是为了回避可能使其内心烦恼的悲伤或绝望。

最后，**虚假自我**（manic excitement）的发展也是一种防御手段。温尼科特（Winnicott，1960）首先使用这一术语来描述一个婴儿如何形成一个分裂的虚假自我，以适应一个依据自身需要来回应孩子的母亲。因为母亲有抑郁或情绪问题，所以母亲不能镜映孩子的真实情绪。这与那种对婴儿自发的手势做出敏锐回应的母亲形成了对比。母亲的共情反应让孩子有种活着的感觉，让一个真实的自我从自发的生活体验中成长起来。发展出保护性虚假自我的孩子或许看起来平静而自信，但虚假自我可能掩盖了当下无法安全表达的脆弱、丧失或空虚感。在真实自我生长出来之前，虚假自我都在有效保护它。

温尼科特认为，当一个年轻人感觉更安全，即处在一段更有爱和更稳定的关系中时，这些潜在的缺失感就会出现。孩子在照料身体或精神上生病的父母时，他们可能会发展出虚假自我，这是一种有能力的人格面具，或许这掩盖了他们成长过程中对养育的需求。在心理治疗中，一旦他们感到处在一段可靠的治疗关系中，就有可能分享这些更脆弱的感受和未被满足的需要，同时真实的自我意识开始出现。

对诠释的进一步思考

儿童的防御模式、情绪层面的功能以及儿童与治疗师关系的质量，这些都是在思考诠释时要考虑到的。

安妮·阿尔瓦雷斯在她最近的一部著作《思考的心》（*The Thinking Heart*）中，讨论了符合儿童情绪发展和心理状态的三个层次的解释。她强调，我们说话的语气和措辞与所说的内容一样重要。

在第一层次的解释中，儿童心理治疗师描述了事情发生的原因并探究其意义：“你因为迟到而沮丧，觉得这是自己的错。”对于那些处于更麻烦和更受迫害的心理状态的儿童来说，这可能是一个过于复杂的想法。他们需要的是治疗师识别和理解他们体验的特性，以及正在发生什么：“你感觉非常沮丧。”这是第二层次的解释，聚焦于描述正在发生什么。不过她指出，如果儿童感到过于不安，以此种方式将这段体验赋予孩子，可能会让孩子感觉到被指责，或者使孩子充满太多感受。那么，做一个更概括的解释会有所帮助，比如“迟到太令人不安了”。

最后她认为，非常退缩、贫穷或不受约束的孩子需要第三层次的解释，这类孩子从不期望在治疗师那里或生活本身获得任何帮助。然后她指出，治疗师给予更活跃、更强烈的反应很重要，比如提高嗓门。这样做的目的是给以前从未注意到的地方赋予意义，作为一种让孩子重获新生的方式。一个退缩的孩子或许能在会谈中享受游戏时光，当他看到治疗师真的很感兴趣，且本人还很风趣时，他可能会立刻快乐而兴奋地活跃起来。这种体验非常需要治疗师加以放大和强化，作为参与生活的重要时刻。我记得这种情况发生在我和玛丽的工作中，她是一个患有自闭症的青少年，我为她治疗了好几年。

在一次相当沉闷的治疗中，玛丽毫无兴趣并且心事重重，我不知道还能做些什么，于是提议用橡皮泥做一个她的肖像。我在她的帮助下开始做一个简单的轮廓，衣服和头发的颜色和她一样。当看到肖像完成时，她既兴奋又高兴。

我也用高兴的语气说："你真的很喜欢我们一起做模型，而且它看起来很像你！"

就这样我们做了一系列模型，她每周都会依据自己的感受做一个。这是我们之间她能引导的重要"对话"，与她在早期治疗阶段中表现出的消极退缩非常不同。

安妮·阿尔瓦雷斯称这种疗法为"改造"，这确实像把儿童自我的各部分一点点地进行改造。她还指出，这一治疗过程是"朝向"而非"修通"，强调治疗师需要在修通之前与更退缩、更不安的患者建立情感联系，正如本章最后部分所描述的那样。

在移情和反移情中和我们的感受一起工作

> 治疗过程是两颗心灵的互动，即患者的移情和治疗师的反移情……（这个）过程需要一种持续的自我监测能力……并在治疗过程中寻找观察这种互动的空间。（Horne，2006：28）

观察自己的感受，并将其理解为对一个年轻人心理状态的反应，这是精神分析心理治疗师的关键技能之一。随着时间的推移，这项技能会越发完善。它让治疗师感受到年轻患者给治疗带来的关系特征，并且让治疗师看到，随着治疗工作向前推进，治疗关系会如何发生微妙的变化。随着我们长大，我们从和父母、兄弟姐妹的早期经历中，内化了一种关系模式。这一关系模式塑造了我们对他人的期待，尤其是那些处于父母角色的人，以及我们对自己的看法。这些早期和当前的关系被转移到治疗关系中，由这些重要家庭关系唤起的感受、焦虑和希望，都能被心理治疗师识别和理解。这就是移情关系。

作为一名心理治疗师，我对移情关系的情绪反应被称为反移情，因为在会谈中，我从年轻人对我的反应中获得了言语和非言语线索。我清楚地记得我与玛丽的首次访谈，就是那个我之前提到的患有自闭症的青少年。她不怎么说话，但是她用自己的方式表达了孤独和困惑——侧着身子慢慢走进房间，双手护着脸，偷偷看向我。我能感觉到自己的反应是一种莫名其妙的同情，我不知道如何与她相处，有些力不从心。回顾过去，在与这名年轻女孩工作多年后，我认为在反移情中，我意识到了她在这个令其困惑的世界中感觉力不从心。她想和人在一起，但当有人在场时，她会很快感到不知所措，结果这又成为一次可怕的体验。

纪录片《生活，动画》（*Life, Animated*）真实再现了这种体验，对此我很感动。在影片中，年轻人欧文·萨斯金德（Owen Suskind）向观众讲述了自闭症的成长之路。欧文谈到他多么想与人相处，但他不知如何与人相处。他描述到，在用米老鼠这个迪士尼人物的语言向父母讲述自己的情况之后，他和家人找到了一种沟通方式，而在这之前，他们的沟通非常困难。迪士尼卡通人物的说话方式简洁、生动，欧文用这种方式和家人、朋友相处起来更容易。同时，欧文可以用卡通人物的语言来表达自己。

与自闭症儿童和蹒跚学步的孩子一起工作，教会我们在反移情中和自己的感受保持密切联系，因为这些孩子可能无法用语言向我们讲述他们的感受。要想理解他们，我们必须依赖非言语线索，以及我们在面对孩子时的感受。有时面对患者，我更可能有身体反应，而非情绪反应。身体反应可能是我胃部紧张引起的肠道反应，那里感受到了患者的焦虑；也可能是口干舌燥，这对我来说更像是恐惧；或者可能是对不受约束的儿童表现出厌烦或倦意，这就像是我的思考能力被关闭了。当患者向我传达早期的前言语感受时，这些身体反应最为明显。我可以简单尝试用语言表达这些感受，不过是以一种概括的方式，这样感受就不会被压抑得听不见。如果我感到焦虑，我可能会说“这真是让人担心哪”，或者如果我感到自己被儿童患者拒绝，我可能会说“这些事情可能让人很头疼”。

治疗关系提供了一个安全的环境，可以探索和思考移情感受，并发现新的建立关系的方式。当这种探索在一次次会谈中慢慢发生时，这个年轻人会从这段新关系中发现一种不同的建立关系的方式—— 一种看待自己和他人的新视角，还能在诸如家庭和学校等其他环境中进行尝试。举一个非常简单的例子：一个紧张、顺从的小男孩害怕激怒父母，他可能开始意识到自己在治疗中的挫败感，并允许自己向治疗师表达些许烦恼。他发现治疗师愿意倾听，甚至对探索这些感受有兴趣，这让他有信心去尝试在父母或朋友面前表现坚定，并发现自己新的一面是否也能在父母或朋友面前安全地表现出来。只有在治疗中对孩子诸如焦虑和冲突的感受进行了大量探索后，这种外在改变才可能发生。有时候，这是父母看到孩子正在进步的第一个迹象。重要的是，父母也要将自己视为治疗工作的一部分，并能对这种新出现的自信表现持开放态度。正如我在下一章中讨论的那样，如果父母能为自己接受一些治疗性支持，将有助于他们识别这些改变；如果消极感受在会谈中得以解决，也能帮助他们在面对孩子更麻烦的行为时克服重重困难。

作为一名心理治疗师，在移情中暴露在负性感受之下是痛苦的，即使我们知道它们来自患者内心世界对我们的投射。这些负性感受体会起来非常真实。在工作过程中，我们可能会面临来自年轻患者的诋毁、恼怒和拒绝，以及患者康复后的积极感受。我必须找到一种平衡——既允许自己被这些感受触动，可以识别这些感受，又不被它们以一种无益的方式控制。除了移情关系，我还努力与年轻人维持以信任为基础的治疗同盟。这份信任是随着时间推移，在我们之间逐渐建立起来的。这让我能和以下两点内容再次产生联系：一是我们治疗任务的现实；二是在困难会谈中占主导的强烈移情感受。从实际情况来看，在这个过程中处理会谈的结束很重要。一起整理凌乱的房间，或者帮助一名少女做好重新面对世界的准备，这些都能帮助年轻患者在面对压倒一切的主观现实时，重新回到这个平凡的世界。

我们在治疗中对患者的情绪反应，会随着治疗的进行不断变化。这让我们认识到，随着心理治疗的进展，咨访关系也在发生变化。在下一节有关改变的过程中，我将进一步讨论这一内容。

修通即改变的过程

在心理治疗中，我们将带来改善的缓慢治疗过程称为“修通”。这个惯用叫法描述了一系列问题被解决的过程，这些问题在治疗中遵循患者无意识思维的逻辑逐渐出现。侧重认知焦点解决疗法的治疗师相较而言更直接，但这一过程不同。

这并不意味着作为一名心理治疗师，我把转诊的原因、年轻人的行为和情绪困扰放在一边。事实上，孩子们在会谈和外部世界中，通过他们的困难行为和烦恼情绪，不断地提醒我们存在这些问题；另外，和父母的定期回顾也提醒着我们的孩子的经历。但我发现，要想找到儿童困扰的根本原因，得由患者思想的自由流动来决定会谈内容，而非按照我的安排。在这一治疗过程中，进展往往参差不齐。当情绪问题出现时，可能会引发退行，表现出早期的行为困难，然后在面对挑战时，可能会出现飞跃，于是年轻患者会获得新的自信或自我理解。

考虑“修通”的三个阶段可能会有所帮助：治疗的早期、中期和最后阶段，不管治疗持续三个月还是两年。

有时，心理治疗的早期阶段会令人困惑。我经常发现很难理解治疗材料以及我对孩子的情绪反应，并且我想知道这一切将走向何方。允许这段时间存在怀疑和不确定很重要，因为迷雾会逐渐消散，某些主题将成为治疗开始阶段的核心。这一逐渐理清的过程，通过我拍摄的一系列照片得到了说明。这些照片是一个孩子每周所摆的沙盘，她让我把这些照片作为她成果的记录。

> 珍妮，八岁，是个略显羞涩的女孩。如果她感受到威胁，就很容易爆发出愤怒，而且她经常会陷入沉默。她好几个星期没跟我说话，所以在一段时间里，摆沙盘是她唯一的直接交流方式。几个月后，我们按顺序将照片摆放在桌子上，直到那时我才意识到，我饶有兴趣地想弄清楚这些照片如何反映了她的治疗进展。最初的一些照片展示了她放在沙子上的一堆乱七八糟的动物和人，静止的场景对我而言毫无意义。接下来的一系列照片更加简洁明了，展示了一个灾难现场和一群无法移动的角色。有一家人—— 一个女孩和她的父母带着几只动物，他们被撞毁的汽车和飞机包围，鼻子陷进了沙子里。还有一个巫师、滑板上的米老鼠，以及两名摔跤手，但她告诉我这些都是不能

动的冰封雕像。

因为珍妮害怕情绪灾难，或者她过去有过一次类似经历，所以我仍然不确定如何将这个沙盘游戏和珍妮自己的议题联系起来，但我认为她正在向我展示，她充满能量和富有想象力的世界如何被冻结。我没有试图通过与她自己的生活建立任何联系来进行诠释，因为我担心她会再次关闭心门。在接受治疗六个月后，珍妮的表达变得更加开放，她的学校、友谊和家人在虚构角色中变得更加生动。这意味着，我们可以开始和她自己的经历进行联系，我可以帮助她更直接地思考每周面临的一些情绪困扰，以及它们产生的原因。

这项工作展示了治疗过程的典型进展。在过去几周里，那些反映了儿童内心生活压力以及与外部世界冲突的话题，成了会谈的焦点。随着治疗关系成为一个更安全的分享和获得帮助的地方，这些压力开始被探索。治疗内容的演变伴随着治疗关系的发展，治疗关系是改变的关键因素和晴雨表。珍妮起初在情感上保持疏远，而我试图弄清楚原因。她是否担心我可能会批评或者打扰她，又或者担心如果让嫉妒或愤怒情绪浮现，自己会勃然大怒？几周后，她逐渐放松下来，因为她觉得和我在一起更安全，反复确认我会按照她的节奏跟随她进行游戏。最终，我们会成为盟友，共同探寻以理解她潜在的脆弱的不自信以及被迫害和不信任的感觉。

在工作时，我一直在努力寻找合适的词汇，以便与年轻人发展出一套共同语言，以符合其世界观和家庭文化。有时，谈话中会出现一些特殊的词语或意象，这些词语或意象可能很幽默地成为治疗隐喻。一些年轻人对我说，感觉自己很怪异或者像外星人。随着我们探索他们如何感受自己，以及他们如何看待自己与他人的关系，玩味这些词语以及它们不同的含义成为我们关注的焦点。随着工作推进，对这些最初感受的自我厌恶或自我批评，可以缓和成更具幽默的自我讽刺。正如我在后面关于青少年的章节中所描述的那样，有时这些自我感知很难转变。

当患者和治疗师正在描绘年轻人的世界及其存在的问题时，就带我进入了治疗的中间阶段。我希望孩子的好奇心和兴趣此刻已经参与到这项探索中来，并且我与患者（及其父母充满希望地）已经建立了治疗同盟。在年轻患者考验我应对愤怒、绝望并进行理解的能力时，治疗同盟将助我度过治疗的艰难时期。随着年轻患者僵化的防御模式松动，自我表达会变得更容易，这让孩子在情感上可以自由发展。随着从不同角度看问题，主题会在几周内浮现并不断加深。也许治疗过程的最佳图景是螺旋式反复转变，因为每次螺旋转变时，我们都会重新审视并从新的角度看待问题—— 一个识别、反思和理解的过程。

我知道，作为一名心理治疗师，我独有的先占观念是想找到问题背后的原因，我觉得这些信息会帮助儿童或青少年获得洞察力。但是这通常不可能，或者我们提出了一个对我们有意义但对年轻人无意义的假设。对许多年轻患者来说，重要的是现在，他们此刻渴望友谊和幸福，与过去建立联系似乎无关紧要。

对其他人来说，回顾过去来看看问题是如何从父母的童年抑或从祖父母的生活中开始的，特别是在心理治疗的后期，这可能非常有帮助。看清这些模式，可以防止一个年轻人感觉要对家庭生活中那些困难时期负有很大责任。这些现在可以理解为家庭故事的一部分。正如约翰·宾–霍尔（John Byng-Hall）在其有趣的论文《家庭脚本：一个可以连接儿童心理治疗和家庭治疗思维的概念》（*Family Scripts: A Concept Which Can Bridge Child Psychotherapy and Family Therapy Thinking*）中所说："让孩子意识到，父母当前的行为是一种矫正他们自身创伤经历的尝试，这种认识为谅解铺平了道路。"（Byng-Hall，1986）

最后一个治疗阶段通常是有益的，甚至有时是令人愉悦的。年轻人变得更加自信和自知，因为他们在治疗工作中内化了更积极的自我意识。他们已经找到了理解和管理困难情绪的新方法，他们可以回顾所做的治疗工作并认识到所取得的进步。在这个阶段，心理治疗自然会继续帮助年轻患者完成结束过程，帮助他们确认发展，以及帮助他们发现除了些许失落感外，还有一旦结束治疗后的那种自由和更加独立的感觉。当然，并非所有治疗进程都以这种直接的方式取得了积极的结果，我们将在本书的后面部分思考可能破坏这项工作的干扰和困难。

参考文献

Alvarez，A.（1992）*Live Company*. London：Routledge.

Alvarez，A.（2012）*The Thinking Heart.* Hove and New York：Routledge.

Bion，W.R.（1962a）A theory of thinking. In E. Bott Spillius（ed）*Melanie Klein Today: Developments in Theory and Practice*，vol. 1：*Mainly Theory*，pp. 178–186. London：Routledge，1988.

Bion，W.R.（1962b）*Learning from Experience*. London：Heinemann.

Byng-Hall，J.（1986）Family scripts：A concept which can bridge child psychotherapy and family therapy thinking. *Journal of Child Psychotherapy* 12（1）：3–13.

Freud，A.（1966［1936］）*The Ego and Mechanisms of Defence*. London：Karnac.

Freud，S.（1900）The Interpretation of Dreams. In J. Strachey et al.（eds）*Standard Edition of the Complete Psychological Works of Sigmund Freud*，vols 4–5. London：Hogarth Press，1953.

Horne，A.（2006）The Independent position in psychoanalytic psychotherapy with children and adolescents. In M. Lanyado & A. Horne（eds）*A Question of Technique*，pp. 15–28. London：Routledge.

Klein，M.（1946）Notes on some schizoid mechanisms. *International Journal of Psychoanalysis* 27：99–110.

Lanyado，M. & Horne，A.（1999）The therapeutic setting and process. In M. Lanyado & A. Horne（eds）*The Handbook of Child and Adolescent Psychotherapy*，pp. 157– 174. London：Routledge.

Life，*Animated*（2016）*US documentary directed by R.R. Williams*. Brooklyn，NY：Motto Pictures.

Wilson，P.（1989）Latency and certainty. *Journal of Child Psychotherapy* 15：59–69.

Winnicott，D.W.（1945）Primitive emotional development. In D.W. Winnicott（ed）*Through Paediatrics to Psychoanalysis: Collected Papers*，pp. 145–156. London：Tavistock，1958.

Winnicott，D.W.（1953）Transitional objects and transitional phenomena. *International Journal of Psycho-Analysis* 34：89–97.

Winnicott，D.W.（1960）Ego distortion in terms of true and false self. In D. W. Winnicott（ed）*The Maturational Processes and the Facilitating Environment*，pp. 140–152. London：Karnac，1965.

Winnicott，D.W.（1968）Communication between infant and mother and mother and infant，compared and contrasted. In L. Caldwell & H. Taylor Robinson（eds）*The Collected Works of D.W. Winnicott*，vol. 8，pp. 227–238. New York and London：Oxford University Press，2016.

第 2 章
创建治疗设置

治疗室的设置

在设置治疗室时，什么是必要的？它可以是儿童心理健康办公室中一个很不起眼的房间，可以是学校里一个闲置的房间，或者是一个专门建造的治疗室，里面有儿童心理治疗师带来的一袋游戏材料。在每个房间里，只要儿童治疗师保证与患者有 50 分钟的私密空间，房间每周都能固定使用，并且是一个安全的游戏和交谈场所，就可以创造一个治疗空间。

在忙碌的公共服务机构工作多年后，当我开始独立执业时，我有机会设计自己的治疗环境。我在花园里建了一个房间，这是唯一可用的空间，沿着房子旁的一条碎石路就能到达。现在房间里能容纳一个家庭，有一张沙发、一套儿童桌椅、一个装有共享玩具的玩具盒，还有一个用来放儿童个人玩具盒的橱柜。再加上一个厕所，这是一个重要的资源。有趣的是，这种环境塑造了儿童和成人来到房间的体验。当他们沿着小路走时，会注意到随季节变换的植物和花朵，而我经常发现正在生长的事物的图像会进入儿童的谈话中。自闭症女孩玛丽被窗外的梨树吸引，她会说每年秋天在树上看到多少个梨。这是她对外部世界越来越感兴趣的最早迹象之一。蜘蛛、黄蜂和苍蝇也会不请自来，并对治疗做出具有挑战性的贡献。当孩子们饶有兴趣地看着我时，我俨然成了一个专家，用茶杯和茶托赶走它们，不至于造成悲剧事件。

游戏或工作材料的准备

我的技术相当传统，会给儿童提供一套适合其年龄的有限的游戏或工作材料，当年作为一名实习儿童心理治疗师接受训练时就是这么做的。这些材料包括一个绘画书写板、一些记号笔和铅笔、一个颜料盘、胶带、绳子，一个代表患者家族的种族起源和规模的家庭模型，还有一些颜色和特征相似的婴儿娃娃，一些驯养和野生的动物家族，一些为年幼儿童准备的汽车，以及一两个软球。理想情况下，这些材料会被放在孩子们为自己做的盒子里。治疗师保管这个盒子，并在每次会谈时拿出来。也可以有共享的游戏材料，比如玩偶房或乐高。我加入了一些关于愤怒或失落主题的简单绘本，因为这些绘本也许能促使年龄较小或不太会说话的孩子开始谈论他们的担忧。我还设置了一个沙盘，沙盘里的人物创造了一个小世界。事实证明，这是一种对青少年和幼儿来说都非常有用的媒介，可以用来摆放一个想象的世界和展示各种场景。孩子们会得到用来绘画的书写板和记号笔，这样他们就可以根据自己的意愿画画、涂鸦或写下自己的想法，而这些都会被保存在他们自己的文件夹中。当谈话出现困难时，这会很有帮助。理想情况下，儿童心理治疗师不会对给年轻人的原始游戏套装做任何补充，除非替换那些已经损耗的物品，因为这些游戏物品和材料随着时间推移积累了意义。太多玩具和新添置的物品可能会分散注意力。有时，孩子们也会带来自己的玩具，这是我允许的。不过，我会鼓励他们在一次会谈结束时带自己的玩具回家，以保持治疗和家之间的界限。

严格的治疗界限至关重要，因为这可以为那些内心可能被混乱淹没的患者创造了一种安全感和可预测感。除了与父母及其孩子进行介绍性会谈时可能需要更多时间，其他情况我都坚持一次会谈 50 分钟。孩子们每周都是固定时间来治疗。如果这个孩子烦恼到没法应对会谈间的长时间间隔，我偶尔会提供一周两次会谈。我在假期前会给年幼的孩子提供日历，这样他们就能知道自己将错过多少次会谈，以及何时将回到会谈中。在一个什么都没说但对我不屑一顾的年轻女孩身上，我重新发现了这个技术的价值。女孩有些伤感地问我，是否可以让她的日历延续到一年中的每个月，这样她就能知道她会来多久。我已经给她治疗七个月了，直到那时我才知道她有多重视治疗。

第3章
进行评估并开始工作

会见父母

与那些迫切想解决孩子困扰的父母见面总是一个挑战。他们往往带着绝望而来，并期望儿童心理治疗师作为专家，有帮助孩子康复的办法。他们或许也会感到羞愧，因为在做父母这一看似简单的任务中失败了。当我会见父母时，我知道我必须与他们建立一个治疗同盟，这将为和孩子的工作提供支持，但同时也要让他们明白，仅仅靠我一个人是无法带来改变的，这可能会让他们感到失望。我的经验是，只是和住在家里的年轻人工作并不能带来康复，除非父母愿意思考他们对年轻人困扰的贡献，并同意一定程度地参与治疗。这可能包括与另一位治疗师定期会谈，该治疗师与他们一起思考家庭生活和育儿问题，并且作为儿童心理治疗师与我一起参加定期回顾。从一开始，我就强调父母双方参与孩子的治疗会谈的重要性。通常，会见治疗师被看成母亲的任务，特别是在父亲工作时间长而没有出席的情况下，然而缺少父亲的观点和参与，便损失了全面了解家庭生活的真正机会。如果父亲从一开始就没有参与，那么以后将更难坚持让他出席。

在与父母的第一次会面中，我诠释自己作为一个儿童心理治疗师是如何工作的，然后我鼓励父母说说他们自己、孩子的成长史以及他们作为父母的经历。这同时也是一个机会，可以听听父母对孩子问题的看法，以及他们的文化、宗教和民族养育如何导致孩子的问题。我们遇到的每个家庭都与我们自己的经历不同，但如果这个家庭的背景与我们自己的背景非常不同，差距就会扩大。艾里斯·吉布斯（Iris Gibbs，2009：98）强调了不同文化对问题的构成及其严重性的看法有多么不同，例如关于青春期的分离和个体化问题，以及可接受的攻击程度问题。在青少年成长过程中，大多数父母都很难决定设置什么样的限制，然而当父母移民到英国，他们的孩子在较原籍国不同的价值观下成长起来时，代际间的压力可能会加剧。探究父母的担忧，使儿童心理治疗师在见到接受治疗的年轻人之前，就能开始了解家庭生活方式。

通过与父母的第一次面谈，我们可以了解到家庭生活的压力如何影响他们的夫妻关系，以及他们因为压力走近了还是疏远了。我们将看到，他们对探索自己的家庭功能和孩子困扰的可能原因有多开放。当父母直截了当地说出所承受的情绪压力时，这项任务就容易多了，就像下面描述的这对夫妻。

> 一对父母让我去看看他们10岁的儿子。他在学校里大发雷霆，让老师对他避而远之。他在家里可能同样表现粗暴。这对夫妻对自己的情绪困扰持开放态度。母亲承认，她经常对着儿子大发雷霆，尤其是在最近丈夫患了一段时间的抑郁症后。他们意识到儿子可能正对家里的不幸做出反应，但感觉无力帮助他。我同意给这个孩子做一个三次会谈的评估，来考察心理治疗是否有帮助，但我也明确表示，他们作为父母会从另一个同行的帮助中受益。我知道，这些相当焦虑的父母需要支持，以帮助他们的儿子更好地管理情绪，同时也探索他们的情绪困扰对亲子关系的影响。

记录成长史

当父母谈论家族历史，并思考是什么导致了孩子目前的麻烦时，治疗师要求父母讲述孩子的成长史，可能会引发一场情绪激动和发人深省的讨论。我鼓励父母回忆孩子从出生到现在的发展过程。我首先问他们，当怀了这个宝宝时他们作为夫妻有何感受，以及这个孩子的出生经历。痛苦分娩的记忆可能会长期萦绕在母亲心头，进而使最初的联结变得困难。然后，我继续询问第一年的情况，即他们对婴儿喂养和睡眠模式的记忆，以及家庭中其他兄弟姐妹的反应。当你听到这个婴儿如何开始咿呀学语和匍匐前进，从学步期到开始上托儿所和学校，这个故事还在继续。我问父母如何看待这些早年岁月，母亲是因为这个孩子的出生还是下个孩子的出生而抑郁，以及学步期的孩子是如何应对兄弟姐妹的到来的。家庭危机、疾病、父母丧亡或意外分离都会给孩子和父母带来困扰，可能现在还继续影响着家庭。家庭中的每个孩子都会以自己的方式回应家庭困境，一个孩子可能变得焦虑和退缩，而另一个孩子则更加紧张或容易激动。父母可能直到现在思考这些事时才意识到这些反应，因为那时他们正全神贯注于度过家庭危机。

我也对兄弟姐妹之间的关系以及他们每个人如何与父母相处感兴趣。这些孩子是可以一起玩，也有惯常打斗，还是他们之间的竞争让家庭生活难以忍受？引起关注的儿童在家庭中的地位，可能是其发展的一个关键因素。有时，最年长的孩子经历了父母之间关系最紧张的阶段，此时父母对自己的角色还不熟悉，然后这个孩子可能因为下一个孩子的出生而感到被排除在外。中间的孩子可能感到被忽视，最小的孩子可能被其他孩子欺负或宠爱。从积极的一面来看，兄弟姐妹之间的纽带可以成为一种力量，帮助他们在家庭经历压力时生存下来，并且兄弟姐妹之间的关爱可以缓和过度劳累的父母对他们缺乏关注的情况。

与父母谈论他们更广泛的家庭和社交网络，我们可以看出他们是感到被家人和朋友孤立还是支持。我在最近一门育儿课程中发现，对于最近移民到英国工作的父母来说，他们最遗憾的是失去了亲密的家庭，以及儿时的社区生活。孩子们经常向我讲述祖父母、叔叔或表亲，他们知道可以从这些人那里寻求安慰，或者这些人是他们想要效仿的榜样。当家庭生活变得过于紧张时，住在附近的亲戚也可为青少年提供一条宝贵的逃生路线，或者为一个害怕离家的焦虑的年轻人提供一个暂时的落脚点。

在治疗过程中，记录成长史可能是我唯一一次写笔记。有了这些细微的细节，我可以用来日后反思。会面后，我经常为转介的孩子画一条时间线，以理解成长事件可能如何影响发展。当你首次观察一个孩子的游戏时，这会很有启发性。

> 在第一次评估会谈中，一个年轻女孩在沙盘里创造了一幅荒凉的景象——一片空旷的地方只有一棵树，一辆半埋的大篷车，还有一辆翻了个底朝天的公共汽车。有一个孤独的身影，几乎被埋在沙子里。当我问起这个故事时，她说那是“很久以前”的事了。她告诉我，那个半埋的人在躲避敌人。对我来说，她的剧本暗示了“很久以前”的创伤，在她还是个小女孩时。我能将这和父母的描述联系起来，父母说他们的二胎儿子出生便患有脑瘫时，他们俩都感到不知所措。那时这个女孩应该两岁了。在这些会谈中，随着她的游戏发展，我认为这个女孩的不快乐和她的感受有关。她感觉当残疾弟弟出生时，她就失去了妈妈的爱，因为她的父母如此不开心，而且忙于照顾弟弟。她误以为自己可能要为这场“不幸”负责，但是她无法原谅弟弟插足在她和妈妈之间，并且剥夺了她的安全感和满足感。我尚未和我的患者分享这些想法，但为父母建立这些联结，能帮助他们更好地记住那段时间是多么痛苦。他们明白女儿为何对弟弟过于敏感和挑衅，这让母亲变得有耐心和善解人意，以便在日后努力加强与女儿的关系。

一位睿智的家庭治疗师曾对我说：“总是追溯两代人，看看这些问题是如何开始的。祖父母和曾祖父母的故事将播下当前危机的种子。”探究父母在原生家庭中的成长史，以及他们与自己父母的关系，可以揭示父母自身未解决的种种痛苦。

这些痛苦可能仍然存在于家庭动力中，并代代相传。

我发现还有一两个问题对揭示这些故事很有帮助。我可能会问父母，当他们处在孩子被推荐来咨询的这个年龄时，生活是什么样子的，而父母的回答常常让我吃惊。就像一位衣着考究、谈吐得体的母亲一样，她描述在女儿遇到困扰的这个年纪，自己是一个行事鲁莽的少女。她的父母不知如何应对她的阻抗。现在，她也担心自己的女儿会行为越轨，因为她觉得自己没有一套内在的技能来应对，只记得父母在面对她时无可奈何。

基于来之不易的经验，我现在问另一个重要的问题：在这个亲密的家庭中，是否还有其他人有过和这个转介来咨询的孩子一样的情绪或心理健康困扰。其中，有好几次我发现叔叔、祖父母或同辈亲戚患有抑郁症或处于精神病发作期。同时，我发现人们潜意识里期望下一代中的一个或多个孩子都是一样的。当这些无意识模式被父母意识到时，他们就能思考自己的焦虑是否影响了对孩子问题的看法和反应。

想想我见过的两大类家庭问题可能会有所帮助。在那些家庭中，孩子痛苦的诱因相当明显。在他们的成长史中，可能有精神或身体疾病、创伤和丧失，于是我们必须理解家庭中这个特定的孩子是如何以及为什么在情感上受到这种经历的影响或伤害。

我遇到的另一种模式是，父母对在他们身边成长的陌生孩子感到困惑，不知道为什么以及如何帮助他们的孩子。我想起了一个我见过的孩子，他总觉得同伴关系很困难。他对任何变化都非常敏感，并与一种不适合这个世界的感觉做斗争。

人们用阿斯伯格综合征[①]一词来描述他的表现。像我见过的其他人一样，这个孩子可能有神经系统问题，从出生起就会有所不同。在这里，儿童心理治疗评估可以洞察孩子如何体验这个世界，以及什么困难最令人困扰。然后，它的任务是帮助父母开始理解孩子的观点，并和治疗师一起思考其他帮助孩子的专家需要什么。我也会想他们可能对孩子没有实现自己的期望感到失望，并帮助他们思考对未来的焦虑。

除非我们能给父母一些希望，让他们相信这种艰苦的探索将产生结果，并且让他们能逐渐建立对治疗师的信任，以支持他们和他们的孩子度过这个不确定的变化过程，否则这一切都不可能实现。

第一次和孩子见面

第一次面谈的内容往往很丰富，仿佛孩子在某种程度上知道，这是一个分享积累已久的焦虑的机会。我经常会回顾第一次面谈，发现我后来理解的很多东西，在与孩子第一次见面后的交流中是显而易见的。无论父母如何为孩子做好准备，会见一位新治疗师仍会令人害怕。孩子经常猜想我们是挑剔或苛刻的。当我应杰克母亲的要求去见他时，这无疑是杰克的担忧，因为最近他在学校里变得非常愤怒，并向另一个孩子扔了垃圾箱盖。

杰克走进治疗室，一动不动地站着，好像被吓住了。他是一个健壮的男孩，穿戴着粗呢大衣和围巾，约九岁的样子。我看得出来，他一想到要见我就害怕，而且我知道当他处于这种状态时，我们将无法交谈。我把乐高积木

① 阿斯伯格综合征（asperger syndrome，AS），也称为阿斯伯格（Asperger's），是一种发育障碍，其特征是社交和非言语交流存在严重困难，以及会出现行为和兴趣的限制和重复模式。作为一种较轻的自闭症谱系障碍（ASD），它与其他 ASD 的区别在于相对正常的语言和智力。——编者注

和玩具人偶拿出来，建议他搭建些东西，让我看看他在想什么。他小心翼翼地挑选了一个代表护士的乐高人偶，并把警察的头盔戴在她头上。很明显，他担心我会像个打扮成护士的女警，表面上帮助他，但实际上是审判他，也许还会惩罚他。我把这些想法用语言表达给他，他默默点头。然后，我开始跟他玩温尼科特的涂鸦游戏（Winnicott，1968）。这个游戏建议我们每个人画一条弯弯曲曲的线，另一个人则将这条线变成一幅画，这就是我们之间开始"对话"的方式。杰克把我画的曲线变成了一个表面被炸弹撞击的防空洞，画中的他蜷缩在防空洞里面，双手捂住耳朵。

从杰克的画中可以看出，他不断感觉到攻击的威胁。最后他终于能告诉我，自从父母分居后，他就和母亲单独生活，但是父亲仍会打电话骚扰母亲，试图让他成为中间人。杰克感觉自己卷入了这场冲突中。我现在明白了，为什么他在第一张图片中会捂住耳朵，而且还会藏起来。他试图把周围的战争拒之门外，然而他觉得自己要以某种可怕的方式为父母无休止的争吵负责，并且确信我会责备他。

认识到这些最初的焦虑是与新患者进行情感接触的第一步。同时，孩子也会对你进行评估：你安全吗？你会有耐心吗？你会试着从他们的角度去理解生活吗？同样，第一次见到新来的年轻患者，我也会感到焦虑。我想知道的是，我能否建立一种联结感，使孩子能够公开谈论焦虑和担忧。下一步是弄清楚治疗是如何工作的。当儿童或青少年走进治疗室时，我会让他们注意绘画或游戏材料，并诠释道这些是供他们使用的，因为有时交谈可能不是他们告诉我其问题的最佳方式。我谈到了导致他们父母寻求帮助的担忧，并表示我们将努力了解出了什么问题以及相关原因。我诠释道，我们有时都会做一些匪夷所思的事情，但是像侦探一样，我们可以一起去寻找线索。对于青少年，我指出我们的思想就像冰山，大部分都隐藏在意识之下，我们只能看到表面显现的部分。我诠释道，我们共有三次会谈来试图了解这些困扰，并看看治疗是否有帮助。我还谈到了保密的限制，我将与他们的父母或照顾者分享多少会谈内容，以及为什么分享。

事实上，儿童和青少年会从这些第一次会谈的体验中了解治疗，我们如何回应他们所说的话，我们如何建立联系并尝试理解。在最初的评估阶段，我允许自己更直接地提问，因为我需要知道一些信息来理解孩子的困境。首先，我鼓励年轻人告诉我他们自己的情况，以及他们的想法。我发现有些孩子确切地知道想要谈论什么，或者借助游戏材料或绘画颜料创造一些东西，向我展示出了什么问题。其他孩子则更焦虑、封闭或不愿谈论自己。那么我可能会发起谈话，因为太长时间的沉默会让孩子更加焦虑。我要一个孩子画一张家庭照，或者提议我们一起开始一个简单的游戏。我的目的是看看有什么方法能让这个年轻人在我面前感觉舒适，并能够借助活动或讨论来探索问题。

我希望到第三次会谈，或者有时我发现需要五次会谈，我们将进行更具治疗效果的交流——孩子感觉能自由进入治疗室，并在他们希望的地方开始谈话或游戏。到那时，我希望知道这个孩子是否可以进行心理治疗，或者是否有其他一些干预方式更合适。我要确保孩子知道这是我们在初始阶段的最后一次会面，并解释我的观察结果以及我是否会建议治疗。我们讨论孩子对下一步该怎么办的看法，并保证我也会带着这个讨论结果去见家长。

家庭会面

当我见过一个孩子三四次，但我仍然想了解这个孩子在家庭中的关系时，家庭会面就很有价值。通过与一位家庭治疗师密切合作，我开始意识到，在家庭环境中看到一位准患者与兄弟姐妹还有父母在一起，非常有价值。如果在你开始治疗工作之前的评估阶段就能进行这种会面，就不太可能干扰早期的治疗工作。通常在整个家庭背景下，我们可以更清楚地看到孩子表现出的问题。你可能会发现，这个孩子的困扰（比如极度焦虑）在其他家庭成员身上会表现得很明显，比如一方父母。这个孩子可能对任何出现的担忧都非常敏感，因为意识到父母一方的这种脆弱性，所以孩子担忧程度的增加就成了家庭幸福的晴雨表。同样，孩子在会谈中表达的愤怒或悲伤，也可能由家庭中的其他人表达出来。在这些会谈中，兄弟姐妹往往会揭示导致当前危机的原因，而且他们通常可以从不同视角看待家庭动力以及整个家庭张力。

理想情况下，我会与一位同事一起会见这个家庭，这样我们就能分享关于这个家庭的想法和观察。如果有同事同意支持父母，那么这是一个开始合作的理想机会。有时父母会拒绝选择合作者，或者找不到人，于是我只能独自工作。然后在这次会谈中，我仍然会采用更具指导性的家庭治疗方法。因为如果给家庭一个清晰的结构来帮助他们一起解决问题，他们通常不会那么焦虑。首先，我会请家人介绍自己或彼此，并澄清我们见面的原因，然而我发现有两种技巧很有用。

第一种方法是建议家庭画一幅贯穿两代或三代人的家谱图，我们用它来研究在这段时间里形成的家庭模式，看看它是否能说明你现在看到的孩子所面临的问题。让孩子画家谱图，并让父母告诉他们亲人的名字和关于他们过去的事实，这是很有用的。这样一来，父母最终告诉了孩子们家族史，并且孩子们可以问一些出乎意料但有帮助的问题。

另一种方法是直接关注当前问题，比如愤怒爆发的议题，但要表明这是一个家庭困境，并且从每个家庭成员那儿了解问题是如何发展的以及能为此做些什么。重点关注这个问题背后的整个家庭，而不是这个孩子，这样孩子就不会被视为“问题”。

如果我和同事一起工作，我们会告诉这个家庭，在会谈进行大约 40 分钟时，我们会留 5 分钟来思考他们的议题并给予反馈。这让我们有机会理解互动，并在会谈结束前做出深思熟虑的回应。这也给了这个家庭一个短暂的时间，在会谈结束前一起谈论他们希望提出的任何议题。如果我独自工作，除非我在督导中讨论我的工作，否则很难获得这种反思带来的好处。

为了展示初次会谈，我将描述一个简短的片段，内容来自我与一位同事进行的一次初始家庭会面。父母担心一个名叫苏珊的少女，他们说她欺负了 9 岁的妹妹安娜。她最近把妹妹的房间弄得乱七八糟。看到一家人在一起，我对苏珊的问题有了不同的看法。

> 在家庭会面中，我们请妹妹安娜告诉我们她对家庭困境的看法。她描述和姐姐一起玩很开心，这比我们预期的要积极得多。很明显，她和苏珊的关系比她父母认为的要友好。她承认自己受够了苏珊的脾气，但她认为苏珊在父母焦虑时压力最大，尤其是在他们工作太辛苦时。他们都是药剂师，工作时间很长。苏珊似乎成了家庭焦虑和愤怒的晴雨表。虽然她需要帮助来控制自己的情绪和冲动，但我们在反馈中表示，部分问题在于父母已经精疲力竭。如果他们能创造时间来放松，并抽出时间与一家人相处，就会有所帮助。这一见解改变了我对苏珊问题的看法，也让她明白我理解她的行为是家庭动力的一部分，也是她自身问题的一部分。

进行评估

评估儿童发展

安娜·弗洛伊德在其著作《儿童期的常态和病态》（*Normality and Pathology in Childhood*）中关于发展路线的讨论，是思考儿童在发展的关键方面如何进展的指南，比如变得独立、照顾身体、游戏和学习。这一发展不是简单的时间顺序过程，儿童在社交、智力、身体和情感上可能会以不同的速度成熟，这种不平衡的模式会给生活带来困难。你的评估需要考虑儿童在这些不同参数下如何发展，以及是否存在儿童可能需要额外帮助的发展领域。

达成一个构想

进行评估就像是把你和其他人对儿童或青少年的不同观察拼凑成一张图画，来描绘年轻人的情感生活和对外部世界的体验。这将包括你在心理治疗中对年轻人的观察，以及他或她对生活和家庭的看法。除此之外，还有父母的观点、家庭的历史、孩子在家庭中的发展，以及孩子在家庭外、学校里或与朋友在一起时的感受。必须始终从家庭生活的社会和文化背景来看待这些不同的方面。外界对家庭的影响是什么？给他们的共同生活增加了压力，还是在他们之间制造了分歧？当你试图对孩子呈现问题的根本原因达成一个初步假设时，这些对孩子生活的不同看法是如何结合在一起或相互冲突的，将很有趣。

在医院的儿科团队工作时，我必须思考早期生活经历和儿童的情绪状态如何影响儿童的疾病进展。

医疗团队让我去见一个孩子，那个孩子及其家庭所承受的压力似乎加剧了身体疾病。

> 六岁的玛莎患有严重的湿疹，常因此住院，因而被转诊。她被医疗团队转诊接受心理治疗，因为当她感到压力和不快乐时，她的皮肤病似乎变得更严重，但她痛苦的原因尚不清楚。在其他方面，她的发展很好。她是一个聪明的女孩，有很多朋友。我们进行了三次评估性会谈，她的绘画显现出对被攻击的极度焦虑。在她所绘的图片中，她被具有侵略性的外星人包围，而她

用各种可能的武器保护自己。我立刻想到的是，当湿疹发作时，她感觉自己的身体好像在从内部攻击她。由一位社工带领的家庭会谈显示，玛莎也有情绪压力。玛莎的母亲很脆弱，她曾在青少年时期受到虐待，所以她极力保护自己的孩子，同时也不能容忍孩子们对她表达任何愤怒。

我见到了这位母亲并聆听了她的经历，这让我重新评估了我对玛莎身体疾病的关注。我曾认为身体疾病是她恐惧的原因。而如今我开始好奇她对母亲的痛苦和恐惧有多认同，她不能将妈妈的痛苦和恐惧与自己的焦虑分开。对母亲的任何愤怒或焦虑的感受都会对她们的关系构成威胁，因此这种感受不得不被压抑并保留在她的身体里，进而加重了她的皮肤病。

显然，所有这些因素——身体疾病、情绪困扰和家族史，在思考这个女孩以及她的发展阶段时都很重要。六岁的她渴望拥有自己身体的自主权并探索外部世界，而她的疾病阻碍了这些渴望。我建议玛莎每周接受心理治疗，因为我觉得她会从治疗关系中受益。在这种关系中，她可以在家庭之外处理这些困难感受。在心理治疗中，她可以用游戏以及之后的语言处理这些感受。这将减少玛莎使用躯体防御来应对焦虑的需要，进而可能防止严重的湿疹发作。母亲也接受了个体心理治疗，这样她就可以帮助自己摆脱痛苦，并将她对过去的恐惧与她现在对女儿疾病的焦虑分开。

创建一个评估框架

治疗评估框架是一个有用的结构，可以形成关于孩子的构想或假设。随着时间的推移，撰写评估时会参照一些参数，包括孩子的内部生活、外部世界、家庭和社会背景，以及对未来有帮助的建议，这种思考方式会成为第二天性。评估大纲可能由你的工作设置决定，并且通常会与父母进行正式会谈，在会谈中分享你的结论和建议。这对父母来说是一个很有价值的过程，他们需要时间充分考虑你的评估对他们的孩子和他们自己的影响，然后再决定下一步计划。在私人执业中，我有时会遵循类似的步骤，写下我的初步评估，以便父母能将其带走并反复思考这些议题。在评估儿童和青少年时，需要考虑很多方面。随着你作为一名心理治疗师的经验越来越丰富，这一工作领域将不断发展和深入。

开始工作

儿童心理治疗师在评估后开始治疗通常会面临困难。儿童可能会在最初几周公开谈论焦虑，然后变得退缩并停止交谈。绘画、讨论和故事都枯竭了，这是年轻人想要进一步开启痛苦话题的防御反应。通常情况下，这似乎不是一个有意识的过程，但心理治疗师可能会遭遇数周的愤怒回避或无以言说的痛苦。而心理治疗师面临的挑战是，如何与这个处于改变焦虑的年轻人重新建立治疗联系。

事实上，此刻在房间里通常不用言语表达的感受，可能是孩子几个月或几年来一直在挣扎、难以言表的感受。这个年轻人可能太痛苦或太愤怒了，以至于不相信有人会真正帮助或关心他。借助这种沟通而非拒绝的方式，人们更容易从“别人没什么可以提供给自己”的感受中熬过来。我回忆起与一位少女的会谈经历，我称她为杰基。

> 几年前，12 岁的杰基在一次事故中严重受伤，面部留下了疤痕，导致毁容。我在儿童和青少年精神健康服务中心（Child and Adolescent Mental Health Services，CAMHS）担任儿童心理治疗师时，她被转介给我，因为她变得非常沉默寡言，并避免社交接触。在接受治疗的头几个月里，杰基把脸藏在外套里面，不让我看见，而我试图和她谈谈她的不快乐和她不相信我能帮助她。这最终引发了一些活动。她画了一些画，然后把画推向我。这些画是对她和

我的残酷讽刺，有着清晰的注解。我是那个用语言刺伤她的强奸犯，她是一个嘲笑地看着我的外星人卡通形象。当我们开始谈话时，我给她写了简短的便条，告知她我了解她的感受和害怕，并向她表明我会尽量不打扰她，而是在那里倾听。我们的交流慢慢引出了一些更幽默的瞬间，减轻了她的抑郁，并开始了言语交流。她让我知道她很孤独，以及在学校如何回避和别人相处，因为她不能忍受别人看着她毁容的脸并为她感到难过。与我建立关系逐渐使杰基能够在其他地方冒险，并且她开始更容易与别人相处。

如果儿童心理治疗师坚持与年轻人建立治疗联系，同时意识到由此引发的焦虑，通常有可能找到一种方法来共同探讨痛苦的议题。但这是一个缓慢的过程，可能必须由儿童心理治疗师为年轻人带来希望——在这个绝望的时刻，改变是可能的。

早期会谈中的焦虑和破坏性行为

新手心理治疗师的焦虑之一是，如何与一个在工作初期变得混乱或非常痛苦的孩子一起工作。评估性会谈应该有助于澄清，曾经冲动或好斗的孩子是否能安全地进行心理治疗。然而，有时早期的会谈会相当平静，直到孩子更积极地参与治疗工作，才会变得愤怒或非常沮丧。有了经验之后，当孩子变得非常焦虑、过度兴奋或挑衅，并且需要帮助才能冷静下来时，很容易在早期迹象中识别出来。将这些感受用语言表达出来以便开始谈论，这样或许有助于年轻患者容忍这些感受，以免失控。给行为设定明确的界限和限制也会带来安全感。在工作的最初几个月里，对你所说的话保持敏感很重要，因为你还不知道孩子会如何看待你的诠释，以及某些感受和记忆是否会引发情绪反应。

如果孩子变得易激动或易挑衅，而且我担心破坏性或过度兴奋的游戏正在升级，那我会停止这项活动，或者在绝对必要的情况下暂停会谈，然后将孩子带回等候室，交给等待的家长或看护人。我知道，如果我担心受伤或失去对会谈的控制，就无法清晰地思考。在 CAMHS 和几个好斗的孩子一起工作时，他们踢得很重，对此我很生气，以至于我很难应对自己的感受以及对孩子的愤怒。我最早学到的两个教训来自一个活泼愤怒的小伙子，即在咨询早期说“不”很重要。他用房间中小盆里的水把治疗室灌满了，只是为了向我展示当他生气时是多么地失控。我的督导建议，如果孩子在下次会谈要重复这一表现，我就打断他的游戏。我诠释道，我第一次看到了他的感受，他不必重复这个行为让我理解。相反，我们应该想想是什么让他如此生气。我还学会了在这个男孩生气并开始扔东西时，问他我如何能帮他平静下来，而不是说“不要扔那个”，来帮助他更好地控制情绪。首先，更加支持自我的语言印证了男孩不想伤害我的愿望，这样我就不会被他的愤怒和冲动所伤害。当我感受到威胁时，就多次使用它作为一种策略，这很管用。

然而，如果你对孩子的冲动感到紧张，最好能预见到这样的困难时刻，以确保房间里没有锋利的剪刀或金属物品可以扔。我总是在会谈前快速检查治疗室，以确保抽屉和窗户都锁好了，如果房间里的小孩手很麻利，还要把电话收好，电脑也要安全放在一个远离他的地方。很难想象你要一直关注自己和孩子的安全。同样，如果你担心孩子可能会逃跑，可以请父母或助手坐在房间外面，直到孩子在心理治疗中变得更稳定。

当然，人们认为诠释和用言语表达感受有助于减少年轻人以这种方式行事的需要，但这并不总是行得通。管理自己的焦虑和愤怒是这项工作的一个关键方面。之后在督导中讨论如此困难的会谈是一种解脱，因为这给了我们所需的情感距离，来理解我们对孩子的反应，并梳理出孩子行为的根本原因。

参考文献

Freud，A.（1989［1965］）*Normality and Pathology in Childhood: Assessments of Development.* London：Karnac.

Gibbs，I.（2009）Reflections on race and culture in therapeutic consultation and assessment. In A. Horne and M. Lanyado（eds）*Through Assessment to Consultation*，pp. 93–102. London：Routledge.

Winnicott，D.W.（1968）The squiggle game. *Voices: The Art and Science of Psychotherapy* 4（1）：299–316.

第 4 章
不同年龄儿童的心理治疗方法

在本章中我将探讨，随着儿童对自我和他人有更多觉察，开始从家庭分离并发展独立技能，如何让我们的技术在整个发展阶段中都适应儿童的情感需求。治疗的各个方面保持不变。正如温尼科特所说：

> 心理治疗需要两个人一起游戏。由此推论，如果无法游戏，那么治疗师做的工作旨在将患者从无法游戏的状态带入能够游戏的状态。（Winnicott，1971b：38）

我们通过提供一种治疗性的关系、一个还原和理解问题所在的场所，将感受和想法用语言表达出来，以便对此加以思考和整合。

随着儿童从心理治疗工作中获得自信和更清晰的自我意识，他们的自发性和幽默感往往又回来了，这使他们更容易与同龄人和家庭成员相处。我们的目标是帮助年轻人重回正轨，这种正常发展进程和家庭生活的推动力将使他们渡过难关。马戈·沃德尔（Margot Waddell，2006）谈到了儿童复原力的重要性，我认为这就是我们正在努力提高的方面。这种发展所带来的变化是，我们如何在治疗关系中利用自己来满足儿童的需要。

在早期，我们积极创造一个治疗空间，让孩子发现如何通过游戏和互动与我们交流（通常是非言语的），因为孩子可能尚无用语言表达感受的能力。我们对与孩子共处一室所体验到的感受保持警觉，并对让我们了解孩子情绪状态的线索保持警觉。在我们提供的关系中，我们回应儿童对我们两方面的需求，即母亲的幻想和父亲的界限，以促进这一过程，并创造一个安全、稳定的环境。对于大一点的孩子，重点可能会更多放在临床材料中出现的尚未解决的早期创伤和冲突上，这些创伤和冲突削弱了孩子管理行为和应对关系的能力。随着孩子们长大，他们会有更清晰的自我意识和防御结构。如前所述，当孩子们受到惊吓或不知所措时，这些防御曾经是自我保护的反应，但是它们可能变得僵硬和受限。最后，治疗关系在青春期可以成为一个安全的地方，青少年可以利用这一关系在找寻自我意识和与家庭分离的过程中探索问题并获得支持。

思考儿童的发展阶段是一个指南，但仅此而已，因为每个年轻人的发展速度都不一样，所以我们通常看到的是不平衡的情况。或许由于婴儿期的匮乏，一个智力和社交能力都不错的孩子的内心可能十分脆弱，掩盖了其不成熟的情绪自我。自我在认知、社会、情绪、身体方面的发展和相互影响，创造了儿童独特的自我意识，以及特殊的优势和弱点。

对于每个年轻人来说，值得考虑的是，除了常见的游戏材料外，是否还有特殊的创意材料可能会让他对自己的治疗箱或文件夹感兴趣。我们永远无法完全预测什么会激发孩子的想象力，或者他会用什么游戏材料来回忆生命早期的重要时光。我给一个七岁的男孩做心理治疗，他根据自己每周的情绪状态，在使用得宝（Duplo）幼儿积木还是乐高积木之间徘徊。他可能会变得像个蹒跚学步的小孩，用得宝建造一座房子，或者借助乐高变成一个小小发现者，乘坐他搭建的飞机起飞。每个故事都满足了他内心不同的情感需求。儿童心理治疗师需要灵活回应在儿童游戏中体现出来的动态情绪时间轴。通过这种方式，治疗师能够跟随孩子的直觉探索，来了解出了什么问题，并修复未被满足的需求。

无论我们的性别如何，作为儿童心理治疗师，儿童可能将我们视为父亲或母亲的发展性客体。在这里，我用“母性”来描述我们身上那些在情感上包容和滋养的品质；而用“父性”来描述治疗师迫切需要的界限和自信的方面，即自己不受孩子的攻击或操纵。尽管孩子也许越来越能内化这一结构并给自己设定界限，但在整个年龄阶段，对清晰的治疗环境和边界的需求是有意义的。

建立界限为治疗提供了一个清晰的框架，但如果我们感到这样会帮到孩子，有时我们会选择跨越这些界限。通常的规则是，儿童的工作和游戏材料必须留在治疗室，以保护儿童的工作和隐私，同时也将治疗设置与儿童的日常生活分开。然而，有时如果需要从治疗中获得一些东西来缓解治疗中特别脆弱的分离时刻，或者需要与一方父母分享重要的成就，那么允许孩子从会谈中带些东西回家可能会有帮助。

接下来的四个小节探讨了对发展中儿童开展治疗工作的方法，其中包括我认为非常有用的关键概念。

亲子心理治疗

作为正在受训的儿童心理治疗师，我们需要观察婴儿在其生命前两年的发育情况。我们每周一小时的造访都会被详细记录下来，以便之后在研讨会上讨论；我们学习观察技能，随着婴儿的成长和母婴关系的发展，我们对婴儿和母亲的心理状态都有了理解；我们还学习反思自己的情绪反应，即不断变化的反移情反应，由婴儿对其新生活每时每刻的反应引发。我们在整个工作中都运用了这些观察技巧，尤其是在亲子心理治疗中。我们的干预技术就始于这种观察。

对父母和婴儿的治疗工作侧重于建立父母和婴儿之间的关系，观察他们之间微妙的非言语沟通。在本小节中，为便于讨论，我主要将母亲称为婴儿生命中的关键人物，但这些想法与父亲、祖父母、养父母或为婴儿提供这种重要早期关系的其他关键人物都相关。

儿童心理治疗师在治疗中第一次遇到一位痛苦的母亲和她哭泣的婴儿时，会感到不知所措，不知道如何提供帮助。然而，我们可以提供一种平静的支持态度，来帮助这位母亲找到一种方法理解自己的焦虑并安抚婴儿。通过密切观察，治疗师可以评估亲子关系的质量，即看出婴儿与母亲的关系如何，母亲会如何反应以及他们之间正在发展的关系的质量。如果父亲也来了，他的出席将使画面变得完整，增加了他对婴儿和伴侣（刚升级为新手妈妈）的其他反应。

如美国的丹尼尔·斯特恩（Daniel Stern）和苏格兰的科尔温·特雷瓦尔森（Colwyn Trevarthen）教授这样的儿童发展研究员的研究，为我们理解以下内容提供了依据：父母和婴儿如何相互促进他们的发展关系，父母和婴儿如何变得彼此协调。特雷瓦尔森花了多年时间观察和拍摄父母与婴儿之间的互动。他的研究表明，婴儿从一开始就有自我意识。婴儿在“寻找关系”，试图沟通，并且这种互动是有节奏的。在一段有趣的视频中，一个小小的早产男婴蜷缩在父亲的外套里［这段视频来自英国第四频道纪录片《宝贝之爱》（*Baby Love*），遗憾的是现在看不到了］。特雷瓦尔森展示了即使一个早产儿与父亲“交谈”的方式，也会为父亲的回应留有间隙。他认为，这种互动节奏是情感交流的渠道，让母亲或父亲与婴儿感觉亲近。他描述了这个小小的早产儿是如何为另一个人“在脑海中留有空间”的。

正如特雷瓦尔森所说，有时父母没有意识到他们的宝宝在和他们说话，错过了婴儿的提示，从而导致他们不知道婴儿想要什么和需要什么。通常，这些父母自己还是婴儿时就没有被敏感养育的经历，因此这些类型的反应并不是由直觉产生的。我看到过一些家长过于活跃，让孩子不知所措；还有一些家长反应迟钝，没有看到孩子试图与他们接触。在治疗工作中，如果我们可以建立一种信任关系，让父母能够接受我们的支持，我们就可以帮助父母识别这些模式，并找到这种情感上的亲密关系。

我在《独处的能力》（*The Capacity to Be Alone*）论文中详细介绍了这项工作。在那里，我展示了我们可以如何帮助父母发展这种同频能力。他们可以在与婴儿的“对话”中学会观察和跟随婴儿的提示，给婴儿留有思考和回应的空间。通常，他们的宝宝对父母更敏感的互动感到高兴，而婴儿的积极反应也给了父母坚持下去的勇气，尽管他们一开始可能会感到困难，担心自己会犯错。我总是感觉很安心，因为根据爱德华·特罗尼克（Edward Tronick）1986 年的研究，我们作为父母经常“弄错”，而且第一次就误解了婴儿的反应。我们的互动有很大一部分是错误的，而婴儿有应对策略来纠正这些错误，如向父母发出信号或避开父母的眼睛。然后父母进行调整，使其正确。正是这种修复和坚持的能力，建立了亲子关系的弹性。

比阿特丽斯·毕比（Beatrice Beebe）利用视频反馈研究，观察母亲和婴儿随着他们的关系发展，如何不断地自我调节对彼此的反应。

> 这是一个“共同构建”的过程，在这个过程中，每个同伴都会根据对方的行为变化（如凝视、面部表情、方向、触觉、声音质量以及身体和声音节奏）进行即刻调整。（Beebe，2005）

她将这些想法应用到亲子心理治疗中，展示了如何通过观看自己与婴儿之间每分钟互动的记录，利用视频反馈帮助母亲对自己宝宝的提示更加敏感。

父母可能会因为担心宝宝喂养不好、睡眠不好或哭得太多而寻求帮助，但潜在的议题往往是他们希望在理解自己与新生儿的关系上获得帮助。婴儿的出生会让新手父母产生强烈的兴奋、喜悦和焦虑感，而且他们还会感到完全力不从心。

有时，短暂的干预就足够了。迪莉斯·道斯（Dilys Daws，1999）描述了她在一家全科医生婴儿诊所里，与忧心忡忡的父母会谈的工作。她指出，父母提出的问题有时代表着更深层次的情感冲突，但当前的困难往往可以在几次会谈中解决。她帮助父母认识到自己的情绪问题正在困扰他们，所以当宝宝感到痛苦时，他们可以找到不同的反应。例如，一位母亲看到她的宝宝在哭，并觉得这是她的错，因为她对自己作为母亲缺乏自信，而事实上宝宝只是在向她发出需要喂食的信号。

在本小节中，我将从重要的第一次会谈开始，探讨亲子心理治疗的短程和长程方法。

初始访谈

第一次见到母亲和婴儿，我鼓励母亲告诉我她照顾婴儿的经历、她的担忧和她享受什么。交谈时我注视着婴儿，或许是在喂食的时候，看看母亲如何抱婴儿、如何说话，以及如何倾听回应。我会观察整个经历给我的感觉，婴儿是否依偎紧密？在喂食的时候注视母亲，也许还温柔地伸手摸母亲的项链或衬衫？这些深情而满足的时刻与观察一个身体僵硬的、焦虑的婴儿感觉很不一样，焦虑的婴儿可能会拱起身子远离母亲的身体，或者眼睛闭着或只是短暂睁开地躺着进食。我的印象是，焦虑的婴儿无法放松，在进食期间必须把自己蜷缩成一团。然后我想知道是什么导致了婴儿的焦虑。只是这一天不顺利，还是喂食总这么困难？母亲和宝宝总是对彼此缺乏信心吗？母亲从婴儿出生起就很难与之建立亲密感吗？出生和接下来的几个月是不是一个困难时期？在跟母亲探讨这些想法时，我会注意她有多愿意去思考与婴儿关系中的压力，而这将为此时提供何种干预给予一些指导。

父母来寻求帮助时，通常对批评和评价有些害怕，觉得自己在某种程度上失败了。在这场危机中，一些家长允许你亲近，而另一些家长则无法忍受如此暴露的感觉，于是很难获得他们的信任。这些更焦虑的父母可能会发现，在支持性的托儿所环境中，允许自己和其他人一起接受帮助会更容易，就像许多家庭中心提供的那样。身为父母群体的一员，在这里会感觉不那么私密和有压迫感，父母会从与其他人一起经历为人父母最初艰难的几个月里获得帮助。

我发现，塑造父母自信的一个关键因素是，他们是否得到了家人或朋友的支持，抑或是感到孤独。那些自己的母亲已经去世、缺席或病危的妈妈们，往往表现得最为挣扎，渴望在新生儿方面得到母亲的照顾和支持。似乎这一母亲形象的缺席削弱了自己做母亲的信念。作为亲子治疗师，如果我们的帮助被接受为“祖母替代品”，我们有时可以帮助填补这一空缺。那么在这段早期的脆弱时刻，我们可以成为母亲和婴儿重要的支持来源。

对抑郁或脆弱父母的短程治疗

与道斯所描述的在健康诊所进行的短期干预不同，一些父母可能需要数周或数月的亲子心理治疗，特别是如果母亲在婴儿出生后就患有产后抑郁症。早在 1996 年，琳·默里（Lyn Murray）的研究就表明，在婴儿生命的第一年，对抑郁的母亲进行仅仅两个月的咨询，能帮助母亲恢复与婴儿的良好关系，并取得不错的长期效果。现在，英国有许多由保健访客、护士和儿童心理治疗师开发的亲子服务就提供这种短期干预。

我发现，通过短程治疗，母亲通常能够在养育孩子上获得信心，而婴儿也会做出回应。作为治疗师陪伴在一旁，我可以让母亲关注她和孩子之间发生的事情，无论是积极的还是消极的。我们一起观察婴儿如何抬头。我鼓励母亲微笑，以赢得宝宝的欢心，并建议轻轻的抚摸比焦虑的摇晃更让人舒服。一个转过身去且无法在母亲的怀里安顿下来的男婴，当母亲开始热情而温柔地问候他时，他会很快恢复。他逐渐能够放松下来，并发现现在和母亲在一起很安全，他们的关系也能随之发展。在这里使用视频反馈很有帮助，并且使用 iPad 或智能手机很方便。我给一位年轻的母亲展示了一段五分钟的视频，这段视频是我在她同意的情况下于会谈中拍摄的。视频显示孩子试图吸引她的注意力，而她经常忽略了这些，她对此感到非常惊讶，之后对孩子的反应变得更加敏锐了。她年轻、冲动，但很有爱心，在此帮助下，她发现了如何更好地了解宝贝儿子需要她做什么。

与夫妻进行亲子心理治疗

当父母带着婴儿以夫妻身份前来时，治疗师会处理他们和孩子之间的三角关系。观察以下内容会很有趣：谁会伸手去抱哭泣的婴儿？父母是否能够相互支持？或者是否存在争夺婴儿注意力的竞争？如果母亲缺乏信心，这时治疗师能帮助称职的父亲退后一步，以支持而非干预他们焦虑的伴侣，这可能很重要。同样重要的是，当对母亲的要求太多时，鼓励父亲介入并主动带孩子，让母亲有喘息的机会。依恋研究表明，婴儿对父母的依恋类型可能截然不同。

婴儿可能对一方父母感到平静和满足，而对另一方感到兴奋和焦虑。当一方父母（比如母亲）患有精神疾病时，这种差异对于保护婴儿的安全至关重要。父亲参与养育可以在情绪和身体上支持婴儿，直到母亲康复并能够再次承担起照顾婴儿的主要事务。

长程亲子心理治疗：一种抱持的关系

对于从小就有情绪困扰的父母来说，可能需要持续数月的心理治疗。塞尔玛·弗雷伯格（Selma Fraiberg）和婴儿心理健康团队在美国开创了这项工作。塞尔玛·弗雷伯格在其颇具影响力的论文《育婴室里的幽灵》（*Ghosts in the Nursery*）

中描述了新生儿的到来如何为我们所有人带来过去的幽灵。

> 每个育婴室都有幽灵。他们来自父母已然忘却的过去访客，洗礼仪式上的不速之客。在一切有利的情况下，不友好和不请自来的幽灵都会被驱逐出育婴室，回到他们的地下住所。婴儿对父母的爱提出了自己的迫切要求，并与童话故事进行了严格的类比，爱的纽带保护孩子和他的父母免受入侵者、幽灵的伤害。（Fraiberg et al.，1975）

然而，对于那些经历过早期创伤、忽视或虐待养育方式的父母来说，对这些早期经历的记忆可能会影响他们对孩子的日常照顾。一个哭泣的婴儿转过身去，会让挣扎的母亲感觉痛苦和被拒绝。这个母亲发现自己无法安慰孩子，因为她觉得自己被匮乏的感受压倒了。她自己婴儿期不幸的早期记忆回来了，直到现在这些记忆才被意识到。这些记忆中的“幽灵”像是萦绕在她心头的、充满敌意的内部形象。在这些时刻，婴儿可能成为一个迫害性的人物，激起母亲的愤怒。她会感到害怕和失控，害怕自己会伤害婴儿，并因此迫切地需要帮助。

对于这些痛苦的父母来说，长程的亲子心理治疗是非常宝贵的，尽管因为父母的脆弱性和婴儿面临的风险，儿童心理治疗师的这项工作需要专业人士组成的团队参与。他们可以安排父母在白天或在住院亲子病房，获得额外的家庭支持。理想的情况是，父母将得到婴儿日常护理方面的帮助，婴儿的发育情况可以被监测，同时他们自己和婴儿也能接受治疗。我将描述我在卡塞尔医院（the Cassel Hospital）的住院家庭服务部担任儿童心理治疗师时，与一位名叫玛丽的母亲进行的亲子心理治疗（Dowling，2006）。

在当前与婴儿的关系中，遭受虐待的父母有可能重演自己的过往。塞尔玛·弗雷伯格的研究表明，那些在心理治疗帮助下接触到童年时所面临的痛苦的父母，可以利用这种理解来保护自己的婴儿：“只有当母亲在情感上触碰到她早期遭受虐待和忽视的痛苦记忆时，她才能同情和保护她的孩子，并防止自己重复这些模式。”（Fraiberg et al.，1975）。

高龄母亲玛丽经历坎坷，但表面上她应付得很好。她之所以被转介，是因为她担心自己不会和孩子建立亲密的关系，而我很幸运地在孩子出生前见过她几次。她的孩子出生在当地一家妇产医院，当我去看望她时，医院工作人员非常担心这位母亲对孩子反应迟钝。当时，那婴儿只有几天大。

当我到那时，母亲和婴儿都很痛苦。玛丽告诉我，她不能看向旁边婴儿床上的儿子，也不能伸手去安抚他。她似乎没有意识到儿子正透过婴儿床的塑料隔板看向她，渴望接触。她告诉我，她知道自己对宝宝的反应不好，但她害怕自己无法满足宝宝的需要。孩子的出生令她震惊，因为她觉得她还没在情感上为孩子做好准备，而孩子的脆弱也让她害怕。她急切地想让我知道，最初的几天她感觉有多糟糕。我的出现让她感到安心。当我们谈话时，她平静了下来，婴儿也平静了下来。我可以看到婴儿透过婴儿床的两侧注视着母亲，寻求她的回应。过了一段时间，母亲放松下来，并且在鼓励下能够把儿子抱在怀里，透着一丝温暖看着他。也许这是他们第一次享受这种亲密的接触。

玛丽发现宝宝的脆弱和需要令人担忧。这唤起了她幼年时的无助感，当时她由药物依赖的母亲照顾，而母亲对她很忽视。童年的匮乏意味着她没有内在的母性地图可遵循。这就像学习一门外语，她只得带着孩子一步步痛苦地发现。我意识到，阻碍她的不是对照料的抗拒，也不是对失败的恐惧，而是她无法以最简单的方式与宝宝接触；看着他，抱着他，就在那里。我的支持让她松了一口气，因为她在早期的日子里感到如此无助、焦虑和愤怒，直到她在与孩子的新关系中感到更安全。幸运的是，这位母亲得到了我所工作的母婴病房的护士以及她自己的成人心理治疗师的密切支持，他们对帮助她感受到理解和包容至关重要。玛丽能够带着她的孩子回家，并且对她与孩子之间建立爱的关系更有信心。她知道，如果她需要的话，社区也可以提供支持。

正如这些临床例子所示，在亲子心理治疗中存在着一种三角关系。心理治疗师的存在提供了第三人的角色，以便与母亲一起反思她与婴儿的关系。在这些会谈中，我们提供了一种情感上抱持的关系，这种关系为一起思考母亲和婴儿如何相互了解提供了空间。

与学步儿童和五岁以下儿童合作

塞尔玛·弗雷伯格［Fraiberg，1996（1950）］创造了“魔法岁月”一词来描述童年的这个阶段，即儿童在现实世界和富有想象力的生活之间徘徊，他们对现实世界充满激情和好奇心，对富有想象力的生活充满幻想和魔法思维。她强调了他们在追求独立和新技能时情感生活的复杂性。他们的情绪可以迅速地从高兴变为绝望，从体贴变为恼怒和沮丧。这些情绪波动对他们的父母来说似乎难以解释，因为年幼的孩子们通过他们的行为向我们展示，而不是直接告诉我们出了什么问题。学步儿童的行为可以引发父母同样强烈的情绪，父母或许会发现自己突然对孩子感到暴怒或绝望，这似乎镜映了孩子们强烈的情绪。在父母–幼儿联合心理治疗中，治疗师可以帮助父母理解幼儿的行为和沟通方式，还能更好地了解亲子关系中发生了什么。

一个常见的问题是学步儿童与母亲分离的焦虑，这种焦虑在就寝时可能会变得特别强烈。当幼儿需要睡觉时，治疗师鼓励父亲通过提供支持并设定明确的界限来帮助实现这种分离，会很有效。对于单亲母亲来说，这可能是一项更难独自完成的任务，而诸如祖父母等其他人的支持和参与可以减少这些时间的焦虑强度。

同样，随着下一个孩子的到来，第一个孩子可能会感到被母亲拒绝，然而当有另一个熟悉的、有爱心的成年人（父亲或祖父母）可以求助时，他就会感到安心。这个成年人可以在母亲忙于照顾新生儿时，提供关注和安抚。

与父母和学步儿童的联合治疗工作

与父母和学步儿童一起进行的治疗工作，是刚刚描述的针对父母和婴儿的工作方法的演变。在联合游戏会谈中，鼓励父母与他们蹒跚学步的孩子玩耍和交谈，与此同时，儿童心理治疗师则观察他们的关系、幼儿的玩耍和行为以及父母的反应。对于父母来说，如果他们不习惯玩耍并且在被观察时感觉很不自然，那么一开始这可能就是一段艰难的经历，但经过练习这通常会变得更容易并有价值。显而易见的是，一些父母习惯接管并指导孩子的游戏，不习惯跟随孩子的引导；而另一些父母则置身事外，结果很难参与其中。匮乏或焦虑的父母从未像孩子一样玩耍过，他们发现这种在一名儿童心理治疗师支持下进行的互动游戏，是与学步儿童建立更亲密关系的有效方法，当他们都在家时，这种方法可以不断重复。

为了开始游戏会谈，我会鼓励学步儿童从玩具盒中挑选一些玩具，并建议家长坐在孩子旁边的地板上。我可能会加入他们或者坐在椅子上，并向家长建议对孩子发出的信号做出回应，以显示他们对孩子的游戏感兴趣。与此同时，我与家长谈论孩子在游戏中与农场动物、小布偶娃娃或玩具可能交流的内容。渐渐地，父母开始从孩子而不是成人的角度来看待这个游戏。当父母能以这种新视角看待游戏时，他们通常会大吃一惊；同时，学步儿童则欣喜地发现父母反应更敏锐，并表现得更感兴趣。学步儿童游戏的主题通常与儿童面临的一些困难有关，因为通过游戏探索的是幼儿如何解决问题。我想起当两岁的儿子萨米开始在游戏中向他父亲展示，与父亲共度更多时光是多么高兴时，这位父亲感到非常惊讶。

在治疗的早些时候，我们一直在谈论父亲对儿子的担忧，我知道小男孩在倾听。萨米开始抱着一个小洋娃娃，然后把它打扮成要睡觉的样子，接着坐在父亲的腿上并依偎着父亲睡去。一旦这位父亲意识到，儿子正在向他展示自己是多么享受这些在一起的亲密时光（萨米正在通过游戏与他“交谈”）时，这对他来说就有了新的意义。他觉得这样可以更好地了解儿子。

当父母和孩子一起玩耍的时候，我鼓励他们告诉我家中的紧张时刻，也许是早上给孩子穿衣服，或者是安排用餐时间。我知道学步儿童会仔细倾听，还会经常评论我们的讨论，或者通过游戏给我们一个回应。然后，我鼓励进行三方对话，使用这个孩子能理解的简单语言，给家长提示让其与孩子谈论这些担忧。在这个共享的场域，父母通常会发现他们更容易面对这些担忧。

有时间思考和谈论与学步儿童一起的生活，可以让父母了解为什么他们与孩子的关系在家里变得紧张。有时，这与他们自己的童年有关。面对孩子使性子，一位父亲可能害怕打得太重，因为他记得自己小时候如何被愤怒的父亲打。因此我可能会建议与家长单独会面，这样一来，这位父亲就可以自由地探索自己童年的感受，之后他再回来与孩子进行另一次联合会谈。治疗师以这种方式倾听和容纳焦虑的能力，通常可以提升父母思考和理解这些动力的能力。

温尼科特的书《涂鸦与梦境》（*Therapeutic Consultations*）对这种亲子联合工作有许多引人入胜的描述。作为一名忙碌的儿科医生和分析师，他的会谈结合了针对父母的创造性解释和实用性建议，并对孩子进行了游戏性干预，这打开了以不同方式看待事物的大门。

五岁以下儿童的个体心理治疗

一旦孩子年满三岁，他们通常更能与父母或照顾者分离。然后，他们通常可以通过个体心理治疗得到帮助，因为个体心理治疗提供了一个安全的地方，可以让他们在父母不在场时表达愤怒和痛苦的感受。如果他们在过去表达感受有困难，就可以发现新的叙事方式。在本小节中，我将讨论五岁以下儿童治疗工作的三个关键方面：与幼儿交流、应对幼儿的困难行为以及理解与幼儿的关系。

与幼儿交流

新手儿童心理治疗师往往对和幼儿一起工作感到焦虑，他们会担心如何跟这么小的孩子对话。在实践中，幼儿往往通过他们的游戏和行为，非常直接地让我们知道哪里出了问题。这项技能在于随着关系的发展，我们能够与他们同频沟通，并通过我们的反应表明我们可以与他们一起探索他们的问题。儿童早期的大部分交流都是非言语的。我在下面的片段中描述了一个名叫萨莉的小孩如何通过游戏这一媒介逐渐找到一种方式向我讲述她艰难的生活，她利用我们的治疗会谈开始解决在她还是婴儿时遭遇的丧失和虐待的感受。

> 萨莉是一个健壮、不爱笑的四岁儿童，我在 CAMHS 工作时，她被推荐接受每周三次的强化治疗，因为她早期的创伤史对她的养父母非常具有挑战性。大家一致认为，鉴于她的情绪剥夺和受虐程度，她需要这种强化治疗。在她出生的头两年，她在原生家庭遭受了性虐待和忽视。萨莉在晚上只有经历一系列仪式后才会去睡觉：三个故事、多次亲吻和越来越多的要求。在早期的多次心理治疗会谈中，萨莉随意地玩弄从盒子里收集的玩具。她把这些东西放在身边，作为我们之间的分界线。她看起来很失落且不开心，默默地让自己忙碌着。她也不知道如何回应我对她的担忧，但她显然在听。过了一段时间，当她开始命名和整理从周围收集的游戏材料时，她的游戏有了一点变化。与此同时，她观察我，并与我保持安全距离。我认为她正试图在她的世界中创造某种秩序感，以回应我理解她感受的尝试。

我无法理解她早期想通过游戏与我交流的尝试，游戏从几次会谈之后开始。我记得当她把纸撕成碎片扔到地板上，仔细观察我的反应时，我感到绝望。我所说的“一切都破碎了”和“什么都无法修复”，似乎对她没有任何意义。终于有一周，她下定决心走进治疗室，开始扮演灰姑娘——童话故事中不幸而被忽视的公主。显然，在两次会谈之间，她一直在琢磨如何向我展示问题所在。在她扮演灰姑娘的游戏中，她打扫地板，看起来很不高兴，并留意我的反应。我谈到她一定是这种感受：“可怜的灰姑娘正在做所有艰苦的工作，但没有人注意她，也没有人关心她。”后来，我又补充道：“灰姑娘想要一个王子来爱她，但也许在你的故事里，他并不善良。”萨莉松了口气，转过身来看着我说：“这是个好故事。”我想她的意思是，她为我们的工作找到了一种共同语言，我也感到松了口气。在几个月后的会谈中，她重演了令她困扰的性虐待方面的内容，但我意识到此时最令她困扰的是生母和同伴的突然消失和遗弃，而不是真正的虐待。作为专业人士，我认为我们没有意识到这一点，因为性虐待似乎更令人震惊。

萨莉发现了一种通过象征性游戏与我谈论过去生活的方式，我们都感觉到工作同盟已经形成。当新的事情发生时，她的“灰姑娘”游戏就像是由丹尼尔·斯特恩等人（Stern et al.，1998）描述的其中一个重要“会谈时刻”，改变了患者与治疗师之间的关系，并标志着治疗的发展。

在接下来的几个月里，萨莉每周都会继续改变细节地讲述她的灰姑娘故事，而我慢慢地能将这个故事与她小时候的感受联系起来。我简单地谈到了她失去母亲是多么悲伤，以及母亲的男友对她不好是多么令她难过和愤怒。

随着我们关系的发展，萨莉可以放心地向我表达沮丧和悲伤，特别是当我外出度假时。在最初的几个月里，我不喜欢萨莉。她常常专横又跋扈，但一旦我们找到谈话的方式，她就变得温和了。我可以看出她在傲慢的外表下是多么悲伤。她很生气，以至于她不能回去重新开始她的生活，我见过的许多孩子都有这种感受。这些令人不安的记忆让她很难在晚上放松和入睡，也很难在托儿所与其他孩子接触和玩耍，但现在她对就寝仪式的需求减少了，因为这些过去的经历被整合在了一起，而且她开始在学校交朋友。

与萨莉不同的是，其他孩子主动避免玩耍，或者他们太孤僻，不允许自己这样做。非常抑郁或匮乏的幼儿不知道如何寻找他们所需要的情感温暖。作为心理治疗师，我们必须对这些孩子既要有耐心又要有创造力，以找出在与我们的关系中激发兴趣的方法。可能需要几个星期我们才能与他们建立真正的情感联系。我们必须主动靠近这些孩子，提供生动、热烈的兴趣，对任何小小的参与信号做出反应，才能帮助他们摆脱抑郁。

对于沉默寡言或孤僻的小孩，我可能会发起游戏——进行绘画，找个简单的拼图，盖一座砖房，或者拿出一些动物木偶——来试图找到能引起孩子兴趣的东西。有时，当孩子们想要玩耍时，他们更喜欢在远处独自玩耍，倾听和观察治疗师对他们所做的事情表现出来的兴趣。面对孩子们的含蓄，我们很难保持注意力，但我们必须相信治疗过程，并给它一些时间来发挥作用。在孩子开始向我们敞开心扉之前，我们常常看不到冰雪融化的缓慢过程。

我记得一个三岁的小女孩，她的养父母让我去私人诊所见她。她笨拙地走进我的治疗室，把头转向一边，避免与我进行任何眼神接触或交谈。她的冷漠让人苦恼，但很坚定。尽管她想和我保持距离，但她对我的图画书很感兴趣，并独自在角落里翻看。最后，在会谈快结束时，她给我看了一本她喜欢的书，并且我们就此聊了一会儿。在这之后，她每周都会过来读同一本书，好像为我们聚在一起建立了一个安全的仪式。她对亲密的恐惧伴随着对世界的巨大好奇，这就是我对她那尴尬的侧转头姿势的理解，这个姿势使她能看到别人，但别人看不到她。随着她在我面前感到更自在，这种回避就减少了。

这些孩子通常首先接触我房间里的游戏材料，而不是我，并且他们选择的玩具并不总是我期望的。我有一个只有一只眼睛的老旧北极熊木偶，它通常是孩子们最感兴趣的。我认为他们认同木偶的受损和木偶对照料的需求。关于孩子们晚上害怕或生气的绘本故事通常也会引起孩子们的兴趣，因为它们提供了一种在安全距离之外思考自己担忧的方式。其他破冰玩具还有手指木偶和俄罗斯套娃——一个娃娃放在另一个里面，这个娃娃里面还有个更小的娃娃。我发现小孩都想把这些娃娃拆开，以便发现里面更小的娃娃。顺便说一句，我现在得仔细看管这个木制娃娃，因为它很可能会被某个孩子捡起来塞进口袋。

应对幼儿的困难行为

与幼儿合作的另一个挑战是应对他们的冲动和对抗行为。与孤僻的孩子相反，有些小孩被带来接受治疗，是因为当他们不知所措、惊恐发作、乱发脾气或变得非常具有破坏性时，他们的情绪会喷薄而出。通常是在蜜月期之后，这种困难行为会在心理治疗中重现。而在蜜月期的会谈中，在了解你的过程中，孩子们通常会表现良好。一旦治疗关系发展，加之关于分离或控制的焦虑凸显出来，治疗过程中的事件可能会突然触发儿童的愤怒或痛苦，而这非常具有挑战性。

儿童心理治疗师必须做好准备，以混合着坚定、理解和有时好奇的态度来迎接这种喷涌的感受。这时候，治疗师可以带着困惑说："我想知道当时是什么让你这么生气，你觉得我在嘲笑你吗？"可能会有所帮助。明确的治疗界限非常令人放心。在这一点上，我指的是每周会谈的可靠性，你站在治疗师的立场试图理解他们的行为，但也限制了他们的破坏性。阻止攻击行为升级非常重要。如果让孩子们太具破坏性，会让他们感到害怕，而且治疗师时刻想着要确保孩子的安全，就无法反思正在发生的事情。如果儿童可能具有攻击性，我会减少游戏材料，只使用安全的材料，如木偶、毛绒玩具、绘画材料和软球，并移除尖锐物体。如果孩子们体验到治疗师想让双方免受伤害，还能经受得住他们的攻击，他们的焦虑就会逐渐消失，而且在你的鼓励下，他们可能会向你展示自己在游戏中是怎么回事，而不是以这种方式表现出来。安·霍恩为我总结了这个过程：“儿童从活动到象征，再到游戏和文字，再到更多的游戏。”

我们愿意容忍并努力理解幼儿的冲动和愤怒感受，这对他们来说是一种安慰，因为他们常常担心自己对照顾他们的人来说变成负担，他们还常常担心自己的憎恨情绪会抹杀他们自己和照顾者心中的爱。他们的父母也可能对幼儿的强烈反应感到沮丧，并发现很难设定界限来帮助孩子控制愤怒的爆发。在心理治疗中，这些孩子的感受是可以理解和承受的，但这项工作可能会很累，需要治疗师的耐心和韧性。因为在治疗的几周和几个月里，儿童应对这种行为的能力可能进展缓慢，几乎无法察觉。

理解与幼儿的治疗关系

幼儿仍然与他们的父母有着密切的联系，而且当前关系的各个方面将在与你的移情关系中出现。我们必须小心，不要扮演主动的父母角色，特别是和情感匮乏的儿童在一起时，他们寻求这种角色，需要身体上的亲近和实际的照顾。对于接受治疗的儿童来说，我的反应告诉他们，我只是一个帮助他们思考问题所在的“问题解决者”，并且我的工作是支持那些提供实际照顾的人，而不是自己承担这个角色。对于一个渴望与我更亲密的孩子来说，这可能很难。这个孩子可能会靠近我，坐在我的腿上或要求我的拥抱，来让身体感觉舒适。于是，我机智而热情地回应，并提供其他获得安慰的方式。我可能会建议孩子裹在毯子里，或者在房间里的某个地方做个藏身之处。我用熟悉的声音和孩子谈论这些感受，也能让他们安心。此时此刻，一个聪明的少年横躺在我的桌子上，离我很近但不在我的腿上。我们彼此都理解他的行为，我没有谈论这件事让他难堪。

除了对舒适的需求，幼儿还必须处理与治疗师关系中的各种冲突情绪。我们利用自己的反移情感受，试图理解幼儿在表达什么，并找到一种方法将其言语化。我可能会说：“当你心烦意乱时，躲在角落里会感觉更安全。”或者“当愤怒的感受变得太强烈时，会有点可怕。”或者“有时当你太兴奋时，很难停下来。”重要的是要识别出负性移情，即儿童对成人仇恨、沮丧和失望的感受，这些感受在家中表达可能会觉得不安全，但在他们与治疗师的关系中可以安全表达。

其中一些感受将是他们发展的正常部分。在这个年龄，随着俄狄浦斯阶段的到来，幼儿会变得热切地关注和占有他们的异性父母，同时非常排斥同性父母，或者对父母双方都有占有欲，决心要插足他们之间。当父母主张他们作为夫妻在一起的权利时，幼儿可能会对这种明显的排斥感到非常愤怒。然而对孩子们来说，将父母视为一对恩爱的夫妻很重要，这有助于他们分离，并开始在其他地方寻找自己的兴趣。

通过儿童的游戏，许多引发焦虑的经历可以在安全的情感距离内得以解决。我们可能会被赋予一个愤怒的女巫角色，总是惩罚孩子，或者我们变成了一个严厉的老师，讨厌顽皮的孩子。我们必须适度地扮演这些角色来表达孩子的恐惧，但绝不能因为游戏太可怕而中断。此处正如温尼科特所描述的那样，游戏处于过渡空间（Winnicott，1953），被儿童理解为既真实的又不真实的，将儿童的外部世界和内部世界联系起来。孩子们需要我们限制他们的游戏并控制他们的焦虑，这样他们就可以在下次会谈中回来，而不用担心这些感受变得难以承受。通过在多次会谈中经常重复的这些互动，这些故事成了一种处理感受的方式。这些感受一直被卡住，还抑制了儿童的好奇心和建立关系的能力。

与低年级学龄儿童进行的治疗：潜伏期

潜伏期正在压制幼儿期的冲动和幼稚化——学习、掌握，将一切抛诸脑后！因此在发展过程中，孩子的主旨是反对治疗，反对任何对精心构建的防御的挑战。

安·霍恩

当我们要求这个年龄的孩子告诉我们正在发生什么，或他们在治疗中的感受时，他们会感到失望。他们希望不必详细说明，我们就能理解他们。学步儿童和年幼儿童早期的强烈情感和开放表达，往往会随着他们进入下一个发展阶段而消失。这在精神分析思想中被称为潜伏期，从大约五岁开始持续到青春期。儿童向学校和家庭以外生活的过渡可能是一个挑战，特别是如果他们早年遭遇了麻烦并且发展被延迟。他们可能难以满足这个年龄段的需求——在学校学习、交朋友、发展新技能和处理人际关系中的冲突。作为儿童心理治疗师，我们经常看到那些因和父母分离而感到焦虑或者感觉挫败和不自信的孩子们，可能被掩盖在发脾气、无法在学校集中注意力或交友问题之下。

在这个年龄段，家长或学校也可能会为一个已经引起了几年关注的孩子寻求帮助，他们担心他的未来，因为他现在很难管理。我们看到的一些孩子或许变得更加沉默寡言。他们可能被评估为患有自闭症、多动症等发育障碍，或者他们具有的学习障碍阻碍了他们的社交和情绪发展以及建立亲密关系的能力。然而，儿童心理治疗可以为儿童提供一个机会，让他们认识这些焦虑，并学会应对自己某方面的脆弱。

潜伏期儿童的生活丰富而富有想象力，但他们经常处于高度防御而不去探索这些想法，因此治疗可能会给儿童带来真正的冲突。他们希望感觉更好，但又害怕探索游戏中可能流露出的痛苦感受。我们的技术适用于此。我们按照孩子的节奏工作，认识到这些焦虑，还专注于试图理解潜在问题。我们明确表示，年轻人的行为是有意义的。我们可以一起发现这其中的意义，让生活变得更可控。

在本小节中，我将探讨这一年龄段治疗的四个方面的工作：建立工作同盟、发现问题、思考不良和破坏性行为，以及探索和巩固。

建立工作同盟

年幼的学龄儿童将建立起一套防御模式，即一种“存在方式”，来应对他们的焦虑。对治疗变化的设想都可能会对这种平衡造成威胁，因此建立治疗同盟需要时间。缩回自己的壳里或向外攻击可能不会提高儿童的自信心，但会立即缓解对他们构成的任何威胁。

到了这个年龄，儿童将从他们早期的生活经历和关系中建立起一种依恋风格和内在生活模式，并且会第一时间用这个框架去感知任何新的关系。他们可能期望儿童心理治疗师表现得像一个挑剔的老师，或一个嘲弄自己的对手。在治疗的早期，我会努力发现儿童对于和我一起工作的恐惧。一个预期会被嘲笑的孩子自然会隐藏他的绘画或游戏，而我会尊重这一点。一个害羞的孩子会不知所措，除非我开始游戏并邀请其加入。技巧是提供恰好足够的输入，来帮助儿童获得游戏或谈话的信心，然后只做必要的事情来鼓励儿童继续游戏或谈话。如果我们贡献太多，游戏就无法揭示儿童的内心世界，而只是反映了我们的期望。

发现问题

一旦儿童建立了一种游戏风格以及与治疗师的沟通方式，这种模式通常会在数周内成为他们彼此互动的一部分，正如我在史蒂文身上发现的。

史蒂文是一个焦虑的八岁男孩，他认为每次开始会谈都非常困难。他总是要求玩两三次捉迷藏游戏，来帮助自己应对这些不舒服的时刻。我在他的藏身处“找到”了他几次，通常带着一些幽默和夸张的担心——好像“我永远失去了他”，他才放松下来并感觉更舒服。这是他处理每次分离伴随而来的焦虑和解脱感的方式，而且他害怕我在他回来时会不一样。当史蒂文不知道该怎么办时，也开始利用这个游戏来逃避治疗中不知所措的时刻。然后我不得不努力协商，将这些游戏保持在一定限度内，以便史蒂文思考这些困难时刻以及它们有什么意义。他坚称自己应该在假期后多玩一些捉迷藏游戏，我同意了。这是在向他表明，我理解经历了长时间的休息，他对我回来后既恼怒又宽慰的情绪确实会让回归后的第一次会谈变得更难应对。

随着儿童游戏在会谈中的发展，它揭示了儿童更深层的担忧。有些场景可能基于现实，比如在学校与朋友或在家中与兄弟姐妹的问题，由于无意识的焦虑而加剧。其他场景可能象征性地表现出儿童心中的恐惧和幻想。儿童可能会邀请你参加角色扮演，讲述一个孩子在学校里和一位严厉的老师在一起，坐下来观察敌人攻击下的乐高城堡的搭建，观看囚禁在牢房里的犯人，或者看到外星人降落在一颗充满敌意的星球上。这些角色以一种幻想的形式代表了儿童的内心世界，而且正是通过这些角色，你才能够开始把这些与他们潜在的恐惧和冲突，以及现在让他们感到不安的事情联系起来。

其中一些故事向治疗师明确传达了孩子的想法。戴安娜在她的治疗过程中创造了一个故事，以此向我讲述和母亲分开一段时间后，她对于再次与母亲一起生活的希望和担忧。

戴安娜八岁，和姑姑住在一起，但已经开始定期探望母亲，为尝试回家做准备。她的母亲患有严重的抑郁症并住在医院里，但允许她在监督下与女儿共度周末。我被要求给戴安娜做心理治疗，以便在康复早期为她提供支持。她对于将再次和母亲一起生活感到兴奋，并且在她的游戏中，她每周都在搭建一家商店，出售安家所需的一切：家具、厨具、玩具和书桌。看着她，真让人心生酸楚。她对未来充满希望，并回忆起母亲生病前跟她一起度过的快乐时光。不幸的是，母亲对女儿可能回归感到焦虑，精神状态在这种压力下恶化，又慢慢开始陷入抑郁。她无法照顾自己，也错过了与女儿的会面。戴安娜大失所望，意识到期待已久的回家与母亲一起生活可能永远不会发生。她在会谈中的游戏发生了变化。那家商店变成了一家二手商店，出售闲置物品，然后永远关门了。通过这个故事，她表达了不能和母亲再次生活在一起的愤怒、失望和悲伤。在治疗中捕捉这些感受使戴安娜能够克服它们，而不是像过去那样被它们压垮。她逐渐能够接受她与母亲团聚的希望无法实现，转而不得不接受与关心她的亲戚生活在一起。

尽管生活艰难，戴安娜还是发展出了强大的自我——我指的是强烈的自我意识和能力。虽然母亲生病了，但她知道母亲一直爱着她，这让她很安心。这些优势使她能够利用与我的治疗关系，来思考和分享她的感受和担忧。

对于其他孩子来说，可能会有更多的困惑和不确定。他们不快乐，但不知道为什么。他们无法将自己的感受和焦虑转化成有意义的想法，而治疗的任务就是发现并塑造这些痛苦的感受。这些孩子经常让我们感到困惑，而且不确定他们想要传达什么。他们可能会焦急地从一种类型的游戏切换到另一种类型，很难找到焦点。这种混乱可能会反映出年轻人的内心体验，即生活纷乱，像打结的线团。对于一些儿童来说，他们的焦虑会让想法和经历在脑海中闪现，所以在下一个焦虑的想法冒出来之前，他们很难专注于一件事。或者，这个孩子可能只是感到一种沉闷的痛苦和空虚感，即一种抑郁的感觉。

虽然像这样的儿童可能会以一种漫无目的的方式游戏好几周，但我意识到，如果我有耐心的话，随着儿童发现如何在治疗中交流感受和想法，游戏就开始变成一种有意义的形式。渐渐地，一些主题就会显现出来。孩子之前在房间里随意扔球，当他开始有目的地扔给你时，游戏就开始了。我可能会开始大声询问："现在我可以接住你的球了。如果我把球扔回去，你会接住它吗？还是会把球丢了？"这个游戏代表了向前迈出的一步，儿童的能力和愿望与你产生了联系。这就是我们必须发挥创造力的地方，利用我们对儿童交流内容的感知，帮助这个孩子继续发展游戏及其意义。奥格登（Ogden，1997）在他的论文《遐想与隐喻》（*Reverie and Metaphor*）中讨论了在获取丰富治疗经验的尝试中，我们如何通过创造性地使用隐喻来帮助患者"焕发生机"。他认为，如果我们能够保持一种他称之为遐想的接受状态，以上所述是有可能发生的。一个简单的观察可能就是捕捉玩球游戏带来的新联结感："一起玩游戏很好，我接住你的球，你接住我的球。"也许还可以幽默地补上一句："我也能看到，当你赢了的时候有多高兴！"

当我们作为治疗师参与这种互动时，我们也在思考儿童游戏或行为所暗示的潜在主题。我们也意识到我们之间关系的情感基调，以及这是否在会谈中会有所改变。于是，各种想法开始在脑海中浮现。投掷的球是否暗示了希望与治疗师有些许情感接触，但又要保持一定距离？如果儿童玩球变得越来越疯狂，并且他把球对准灯泡或治疗师，这是否意味着渴望亲密也会带来威胁？如果儿童靠近治疗师，他可能会害怕变得咄咄逼人或需要帮助，或者感到不知所措。

以敏感和坚定的态度应对这些重要时刻，是一项不断发展的技能。在任何困难行为升级之前，尽早捕捉儿童的焦虑或愤怒情绪是比较安全的。我可能会对一个易激动的小女孩说，我认为她正在向我展示控制激动或愤怒的情绪并保持冷静是多么地困难。通常，如果我们直接处理这些感受，提升儿童的自我控制能力，他们就能停下来进行反思。有时，我们需要积极干预以减缓事态的发展，但随着时间的推移，这通常变得不那么必要。

思考不良和破坏性行为

在这个年龄段，儿童转诊接受心理治疗的一个常见原因是其不良和破坏性行为，尤其是男孩。温尼科特在其论文《犯罪是希望的象征》（*Delinquency as a Sign of Hope*）和《反社会倾向》（*The Anti-Social Tendency*）中的观点一直令我深受鼓舞。与当时社会上的许多人不同，他认为偷窃是儿童无意识的交流，是一个情感匮乏的孩子为了找回生命中缺失的母爱而做出的积极尝试。他说："反社会倾向的基础是一种已经失去的良好早期体验。"（Winnicott，1968）

温尼科特更担心的是那些没有用这种方式表达自身需求的情感匮乏的儿童，因为这是他们放弃希望的迹象。他在与芭芭拉·多克尔·德赖斯代尔（Barbara Docker Drysdale）合作时提出了这些想法，后者创建了桑树丛学校（Mulberry Bush，英国牛津郡的一所独立寄宿制特殊学校），这是一所针对情绪问题儿童的寄宿制特殊学校，我将在最后一章中更详细地描述这所学校。温尼科特的工作展示了他对儿童行为意义的不断探索，以及对他们交流的创造性回应。

我们的治疗工作也有类似的目的。对于这些冲动、见诸行动的儿童，我们必须努力维持治疗框架，即坚定地确保治疗过程中的安全，同时试图鼓励儿童思考他们行为背后的感受。这种治疗关系最终会帮助这些脆弱和经常遭受创伤的儿童感到足够安全，从而开始探索他们为什么会处于这种状态。温尼科特指出，分析过程与母婴关系过程平行，这是一种共享的经历。他并不主张对某人进行分析，但主张分析是一种共享的、共同的构建。

表现出不良或破坏性行为的儿童通常不指望成人会尝试理解他们为什么不断惹麻烦，但他们常常感激我们的这种尝试。我们认识到，孩子们可能会感到被迫以他们不理解的方式行事，因为这些冲动可能是无意识的。彼得就是这样，他极度渴望被爱，但由于早年情感匮乏而失去了关注，他的反应是愤怒和痛苦的。CAMHS 的一位儿童心理治疗师接诊了他，并在督导中与我讨论了这个案例。

> 九岁的彼得在学校里总是因为挑衅斗殴而惹上麻烦，而且他经常从收养他的叔叔婶婶那里偷东西。他在蹒跚学步时就被原生家庭忽视了，然后他觉得自己闯入了亲戚们繁忙的家中，尽管亲戚们非常关心他。彼得觉得他现在没有爱的权利，但他渴望得到自己婴儿时未得到的爱，而这导致了他的问题行为。在治疗过程中，治疗师在帮助学校和家庭理解并包容他的行为方面发挥了重要作用，并在教室里提供了他所需要的额外支持。在接下来的两年里，通过每周的心理治疗和收养家庭的持续照顾，彼得逐渐开始康复。慢慢地，他也开始相信自己被新家庭所爱，他的不良行为也逐渐减少了。

探索和巩固

一旦确定了儿童问题背后的主要议题，儿童和心理治疗师可能会在数周或数月内共同探索外部世界的问题与儿童的内心生活和早期经历之间的关系。在心理治疗中，儿童有机会体验一种不同的关系，在这段关系里可以从新的角度看待熟悉的紧张关系，并尝试新的关系模式。

西蒙在治疗中表现出了类似的改变能力，但我发现他最初的言语攻击力比其他孩子的身体攻击力更强。

> 10 岁的西蒙在家和学校总是怒气冲冲。在治疗中，我们努力理解他那一触即发的怒气。针对我所说的，他会用尖刻的语言激怒我。当我能够怀着好奇心面对他惯常的挑衅，而不是感到受伤或恼怒时，就消除了我当时的紧张

情绪，而他也变得沉思起来。我会说：“你觉得你为什么这么说？你认为我会有什么感觉？”渐渐地，他能认识到自己的防御性。他担心我会批评他，于是先向我发起了挑战。他不想表现出对感情的渴望，于是用冷静的中立态度掩盖了自己的脆弱。在这个初始阶段，他参加了会谈，但他不指望有任何改变的可能性。

安·霍恩曾在督导中建议，当这个年轻人对我说的话真的很伤人时，我可以说“哎哟”，以此表达预料中的痛苦而又不至于深陷其中。

随着西蒙开始在会谈中感到更自在，他可以冒险式地向我展示自己的不同方面，包括我喜欢的一种颇具讽刺意味的幽默。最终，他在会谈外与同龄人相处时变得更加自信和外向，并且开始结交新朋友。然后他承认，他希望自己的这种变化会持续下去。一旦他掌握了治疗的诀窍，他就开始与自己建立联系，意识到是什么惹得他发脾气。在工作的最后几个月，治疗变得更像是一个合作项目。

而对于其他儿童来说，改变的过程可能会更脆弱、更不稳定。在 2000 年美国精神病学者协会（ACP）会议上发表的一篇论文中，莫妮卡·兰亚多（Lanyado，2001）描述了治疗中的微妙阶段，即当儿童处于变化过程中，当第一批新的改变显现出来时，她有时会觉得自己应该把孩子放在口袋里。我明白她的意思。有时，我会感到异常关注一个孩子，表现为在会谈之间想着我的患者，试图弄清治疗中的材料。我觉察到孩子的自我正在发展出一个新的方面，一个对情感或思维更开放的方面。

回想起来，我通常可以在之前的会谈中看到这种变化的迹象。一个全然自我关注的男孩变得对照顾娃娃感兴趣，给娃娃喂食并放到床上，好像在照顾自己婴儿自我的一面。一个小女孩第一次唱了一首歌，另一个男孩告诉我他和家人度过了一段美好的时光。经过数周沉闷消极的会面，这感觉就像是一份礼物。随着这个年轻人越来越相信自己的内心既有善良又有邪恶，这些改变的前兆会更频繁地出现。由于令人烦恼的生活事件，甚至只是对改变的恐惧，虽然有挫折，但我们都看到了这些积极的品质，并且我们对它们的回归满怀希望。

我们什么时候知道孩子已经准备好要结束了？在工作的这段时间里，当新的更好的体验成为年轻人生活中被接受的一部分时，通常会有巩固期。家庭和学校被视为更快乐的地方，年轻人不再那么热衷于治疗。事实上，治疗可能让人感到有点无聊，外面的生活变得更有趣了。向父母和孩子提建议已经取得了足够的进展，并且治疗可以得出结论，这可能会带来风险。然而，正如我在后面关于结束的章节中所描述的那样，如果时间充足，在这个结束过程中会实现重要的变化。

青少年心理治疗

> 我希望16岁和23岁之间并没有别的年龄，否则这整段时间里就让青春在睡梦中过去吧；因为在这期间所发生的事，不过是叫姑娘们养起孩子来，对长辈任意侮辱、偷窃、斗殴——话虽如此，但除了那些十几二十岁的脑残少年，还有谁会在这种天气出来打猎？
>
> 莎士比亚，《冬天的故事》（*The Winter's Tale*）III.ii.58–64

正如莎士比亚所言，青少年是一个挑战，但他们有活力和冒险精神。随着年龄的增长，我们可能会羡慕他们。在心理治疗中，青春期被视为修正童年早期发展中尚未解决方面的第二次机会，特别是围绕分离和个体化。这是一个青少年身心进行重大重组的时期，以前的不安全感可以再次出现并得到解决。身体、情绪和神经发育的变化是进入下一阶段的基础。对于年轻人和他们的父母来说，这是一个令人困惑和激动的时期。

作为心理治疗师，我们可以帮助青少年理解这一转变的影响，并探索为什么会出现困难。我们在心理治疗中向更具对话风格的转变反映了一个新的阶段，即青少年通过语言发展出更强的自我反思和探索抽象观念的能力。我也更有意识地使用幽默来引入想法或捕捉情绪，让青少年参与进来。青少年现在有了更多的自我意识，可以对治疗工作承担更多的责任。不利的方面是，当他们有如此强烈的关于分离的发展驱力时（即远离父母形象，转而依赖同龄群体），我们通常不得不努力让他们保持对治疗的投入。

在本小节中，我将探讨六个主要领域：危机中青少年的心理治疗、青少年及其家庭之间的动力、青少年创伤的重复、评估治疗工作中的风险、互联网、网络霸凌和接触色情资料的影响，以及发展复原力。

危机中青少年的心理治疗

青少年经常被转介或主动来做心理治疗，因为他们害怕自己感受的力量和波动，以及对自身或他人的破坏能力。多年来，他们可能一直在与众不同的感觉中挣扎，但应对青少年生活的压力促使他们现在才寻求帮助。他们常常觉得自己还没准备好就已经成了青少年，尤其是他们的童年早期遭受过困扰时。他们在情感上没有准备好离开相对安全的潜伏期，就进入了青春期的未知“水域”。

成为一名青少年可能会失去确定性。对成人世界坚实结构的信念，可能会在争取自主和创造自身身份的需要中坍塌。关于性和性别的不确定性或许已经隐藏了一段时间，而现在变得更具挑战性，因为青少年面临着新的欲望和更不稳定的自我意识。当一切都有待质疑的时候，潜伏期的确定性就消失了，但仍然需要鼓励和支持。如果青少年不再感到与父母和兄弟姐妹亲近，并且缺乏朋友的支持，可能会非常孤独。青少年可能会感到失落，与熟悉的自我疏远，并且不确定如何找到一种新的内心安全感。尽管对一些人来说，学习是一种很好的消遣，可以让他们的心灵不用受困于强烈的感受和幻想，但他们很难带着这些思虑专注于学业挑战。

在心理治疗中，青少年可以探索这一动荡阶段的焦虑。这将涉及与治疗师一起寻找当前危机的潜在原因，以理解大多数青少年所经历的一系列感受：希望和兴奋、愤怒和绝望。这种对理解的追寻可以在自我与他人、过去与现在之间来回穿梭，并最终展望未来。幻想破灭的青少年可能对改变的前景充满怀疑。然后，治疗师必须对他们两人都抱有希望，即相信事情能够有所改善。

在心理治疗的早期阶段，青少年在学校、家庭、与朋友一起和独自一人的内心生活体验会被描绘出来。当前关系中的困难往往反映出潜在的内部冲突和不确定性，比如特里所面临的。特里是一名 13 岁的年轻女孩，因社交焦虑而被转介接受心理治疗。我每周单独见她，并定期与其父母会面进行回顾。

> 13 岁的特里是一个安静、严肃的女孩，她告诉我她是如何在学校里徘徊在一群“受欢迎”的孩子之外的。她不相信自己会融入其中，但又不想被人看到落单。她放弃了自己最喜欢的运动——无挡板篮球，因为她觉得自己打得不好。敏感的自我意识一直困扰着她，使她的社交生活变得痛苦不堪。我们一起追溯这种缺乏自信是如何从青春期初期开始的。当时她对青春期的身体变化感到沮丧，尚未准备好成为一名少女。她一直都相当害羞和敏感，所以当感到走投无路时，她对自己身上爆发的愤怒情绪感到震惊，然而我认为愤怒释放的能量也激活了她。还有一种和男孩浪漫相处带来的新的兴奋和幻想，但她不敢相信哪个男孩会认为她有吸引力，于是她把自己的身体藏在宽松的衣服里。在几个月的心理治疗中，她开始理解这些感受，并意识到对自

己是多么地苛责。她曾为自己对一切感到十分困惑以至于无法做出决定而羞愧，直到她开始意识到这种不确定性在青春期是正常的。当获得信心后，她发现了一群“更像她”的朋友，于是敢于参加一些社交聚会。

当青少年在治疗中探索他们的担忧时，他们开始认识到过去的生活经历如何塑造了他们对自己的看法，以及他们如何因为自己的防御方式而误解了这个世界。青少年可能会意识到，是内心持续的愤怒和自信的缺乏让他们感到教师、家长会迫害他们，而非外部现实。随着青少年对塑造我们与世界关系的内在优势和弱点有了更为平衡的看法，分裂和投射的防御会逐渐减弱。在治疗中探索的梦境、体验和想法，以及在会谈间的一周内出现的梦境、体验和想法，都有助于重新评估。会谈和休假之间的间隔很重要，因为当青少年患者必须独自应对这些分离时期时，这些新的思维方式和对待他人的行为方式才能得到检验。

青少年发现，当他们陷入绝望、愤怒或兴奋的情绪时，识别出自己“不断变化的心理状态”是有用的。当他们观察到自己的情绪变化时，他们开始觉得这些情绪不再那么僵化或者无处不在。我鼓励他们思考为什么会出现这种心理状态，譬如是什么触发了今天的心情，或者是什么引起了在会谈中突然爆发的情绪。这种方法往往会引起他们的好奇心，因为许多青少年会对他们的思维方式着迷。

我在治疗中看到的一个年轻人经常会大发雷霆，憎恨包括自己在内的所有人，但如果他允许自己思考是什么让他心烦意乱时，是与父亲的争吵还是与女友的分歧，那么他的情绪就会转变。他会变得更能反省，也变得更加悲伤。这促使他思考自己的思想和想法，以及他是如何轻易地摒弃了美好的体验而选择痛苦的。一周接一周地观察这种模式，为他的改善提供了一个框架，即一种融合爱和破坏性感受、认识和接受矛盾心理的方法。他发现生活喜忧参半，而他有一定力量来塑造生活的结局。

性是青少年心理治疗的一个重要主题。在治疗中，在走向青春期第一段亲密关系的过程中，青少年可以探索在这期间出现的欲望、嫉妒，以及偶尔出现的自我厌恶和羞耻等新感受。也许在青少年身上，我们最清楚作为心理治疗师自己的性别，以及这如何塑造心理治疗过程。青少年对治疗师的移情将包括从青少年性行为和早期婴儿依赖需求中产生的感受。作为一名年长的心理治疗师，我现在愈发远离了性欲移情，但我回想起我对年轻男性患者的自我意识，被移情吸引，但又因为我的年轻和移情引发的幻想而变得更加强烈。起初，作为一名治疗师，谈论性以及谈论性是如何在与你的关系中出现的，可能很困难，但在督导的帮助和青少年的引领下，找到一种语言来共同探索这一点将成为可能。我记得我和一名青春期女性患者发展了性欲移情。她和我的关系是一种复杂的混合体，既有兴奋，也有寻求我的赞赏和她对这种感觉的烦恼。当她因为早期的匮乏而感到像小婴儿一样需要帮助时，由于害怕与母亲的形象融合，这一点变得更加复杂。

青少年及其家庭之间的动力

帮助一个青少年将自己的问题与父母或家族史的问题区分开来，是治疗过程的重要组成部分。对父母来说，抚养青少年可能是一个真正的挑战，因为这会唤起他们自己青少年时期尚未解决的问题。这将提醒他们，当时他们是如何与自己的攻击性、性行为以及从原生家庭分离的需要做斗争的。父亲和儿女之间或者母亲和十几岁的孩子之间可能发展的紧张关系，在两代人中都是有迹可循的。在评估中，需要与父母一起决定，是否最好在家庭治疗中探索与儿子或女儿之间的冲突，又或者是否为青少年进行个体治疗更合适。无论哪种方式，当青少年寻求一种与他们相处的新方式时，父母的支持和积极回应的意愿都很重要。定期回顾，尽可能让青少年参与，可以让双方就这些变化进行深思熟虑的协商。

随着各自进入新的发展阶段，青少年和同胞之间的关系也可能变得动荡。同胞之间的冲突可能既激烈又充满敌意，如果他们能找到分享兴趣和共度时光的方式，冲突也可能成为支持的来源。谈论对同胞的这些矛盾感受——对彼此的嫉妒和爱，通常是治疗的中心主题。这些同胞关系，通常是在学校以及后来步入工作时与同龄人建立其他关系的样本。

年轻人在成长过程中会观察他们的父母，并且常常感到对父母的争吵或不快负有责任。他们可能会觉得自己在年幼时没有很好地应对家庭遭受的危机，比如兄弟姐妹的疾病或死亡，或者父母的抑郁症。这些早期记忆会困扰年轻人，让他们为自己可能不完全理解又没有能力改变的情况而自责。如果当时无法在家庭中谈论这些曾经的痛苦事件，这种情况尤其可能发生，因为感受还未经处理。帮助青少年从他们现在的视角回顾这些过去时光，并想想自己年幼时的情况，既可以让他们摆脱这种自我批评，又可以对父母的反应有新的理解。我记得我和一个青春期的女孩萨拉谈起过这个问题，她在同胞去世多年后仍然为此感到困扰。

> 在我的私人诊所里，忧心忡忡的父母让我见见15岁的萨拉，因为她情绪很低落。姐姐重病去世时，她8岁。萨拉很难谈论关于姐姐突然生病的记忆，那是模糊而痛苦的。她告诉我，作为幸存的女儿，她有多内疚，同时她对自己不能享受青少年时期而感到愤怒，因为每次面对新的体验，她都会提醒自己姐姐无法享受这些。在心理治疗中，她开始探索关于姐姐生病和死亡的混乱记忆，以及她多么希望姐姐能来分享她当下的生活。这些对话使她有可能回家与父母交谈，而父母还不知道如何开始这种对话。当她对于自己是幸存女儿的愧疚感减轻了后，她开始抓住新机会并允许自己享受快乐。然而，当我们完成了这段简短的治疗后，我意识到这个艰难的哀悼过程将如何继续，以及在她生命的每一个阶段，她可能会如何重新看待关于同胞的丧失。

正如这项工作展示的，青少年可能需要在治疗中有自己的秘密空间来解决他们的问题，但治疗师也需要了解父母的观点和家庭动力。与青少年单独工作的治疗师会听到随着工作进展而变化的家庭动力，然后他们可以在和父母见面时一起思考，如何支持青少年走向成熟并变得更加独立。

青少年创伤的重复

青少年更有可能“表演”自己的感受，尝试新的角色和身份，而同龄群体会是一个进行这些尝试的安全地方。大脑的神经系统变化会导致新的攻击和性冲动，以及对兴奋和冒险的渴望。意想不到的感受会导致冲动行为，有时青少年会感觉失控。玛格丽特·通内斯曼（Margaret Tonnesmann，1980）提醒我们注意青少年在青春期重演的风险，这是未解决的早期创伤的重复。区分青少年行为是早期创伤的重演，还是对当前生活挑战导致的新危机的反应，这一点很重要。了解青少年早期成长史的一些细节，可以解释青少年通常在自信心方面的意外变化，或者可以解释这个不稳定的行为阶段。

我曾给一位青少年提供短程心理治疗，他发现自己一想到要离开安全的寄宿学校去上大学，就感到害怕。当他还是个小男孩时，母亲死于药物过量，而他则由体贴关爱的养父母抚养长大，并被安置在一所寄宿学校，在那里他变得非常自信且发展良好。他聪明而坚定，但一想到要离开这个避风港，他脚下的土地就好像裂开了。他被早年的恐惧和分离焦虑所震慑，他从母亲生病和去世的痛苦记忆中想起了这些。在心理治疗中，他勇敢地谈起这些早年的创伤记忆，他一直对此保持着安全距离。现在，他明白了一想到要离开安全避难所便浮现的分离焦虑的根源，而这有助于他重获离开就读学校去往心仪大学的自信。

这个年轻人感觉到，如果他不能过渡到心仪的大学，他的未来和自我意识都将受到威胁。我从他的整体举止和他对我说的话中都感受到了这种焦虑。接触一个人的反移情是识别风险的重要指南，尽管客观证据不是很明显。

评估治疗工作中的风险

识别风险对于青少年心理治疗至关重要，特别是当他们有自残、自杀或精神病发作史时。早期的仔细评估有助于澄清这个青少年是否能够接受这种治疗。心理治疗是一个痛苦和困惑的过程，如果一个青少年在情感上过于脆弱或孤立，那么心理治疗可能不是一种治疗选择。了解青少年是否有一个稳定的家庭和 / 或一个在他周围的强大专业网络是一个关键因素。如果青少年心理治疗师是团队的一员，那么这个青少年的焦虑和风险评估就可以被共享。

在私人执业时，心理治疗师很难既负责危机青少年的护理管理，又为其提供治疗，因为治疗师不容易获得社区团队的资源，也无法提供 24 小时的支持。照顾青少年安全的压力没有给治疗师留出心理空间或自由来进行治疗性思考。它打破了平衡。如果我非常担心青少年的精神状态，我会解释说需要联系其父母和全科医生，并可能寻求儿童精神科医生的建议，因为他们的安全是我的首要任务。

青少年可能会直接告诉你他们的自杀意愿，也可能通过语气或行为暗示他们有自杀倾向，好像在等待治疗师将这些感受用语言表达出来。青少年的焦虑可能会投射到你身上，所以你是唯一一个感到担忧的人，尽管青少年或许会尽量减少任何担忧。然后，治疗师必须追踪这个问题，以弄清这只是一个想法，还是这个青少年已经有自我伤害的现实计划。情绪波动的青少年存在一种危险，那就是心理治疗师会成为关心青少年安全并感到负有责任的人，而不是他们自己。如果天平朝这个方向倾斜，那么考虑治疗是否切实可行就很重要。从治疗开始，我就向有自残史的青少年明确表示，如果我担心他们，就会向其家人以及专业人士告知我的担忧，而这比保密更重要。这样便创造了一个清晰的涵容边界，既保护了作为治疗师的我，又保护了我的患者。

冒险可能会成为一种有悖常理、令人兴奋的游戏，记录下青少年的绝望，但它也会让那些与青少年关系密切的人（包括治疗师）感到痛苦。当与精神失常的青少年一起工作时，这可能会是一个持续的挑战。接下来的任务是帮助他们面对选择——是选择自残行为带来的反常兴奋，还是选择直面自己的绝望和内疚，同时思考是什么引发了这一切。诚实面对这些议题需要一些勇气，而随着与治疗师的关系变得日益安全，这会变得更加容易。

互联网、网络霸凌和接触色情资料的影响

我们看到的大多数青少年都会在互联网上生活。这个虚拟世界就像是我们概念化的第三个领域，与外部世界和内部世界并列。对许多青少年来说，这是他们生活和教育的重要组成部分。然而，这也带来了额外的压力，尤其是对于一个脆弱或孤立的青少年来说。其中许多压力也和性别相关。对于年轻女性来说，在社交媒体上分享她们社交生活的方方面面可能会有来自同龄人的压力，而这会导致进一步的压力，即比较并遵守她们在社交媒体中看到的行为。年轻女孩会自拍，照片发到网上让别人看，而且可以赞美或嘲笑。不久，他们班上的每个人都会看到一张令人尴尬的照片。在学校里成为“受欢迎”群体的一员对很多人来说非常重要，尤其是那些缺乏社交自信的人，而这样的嘲笑会让上学成为一种耻辱。网络霸凌，即在网上公开嘲笑他人，现在是一种犯罪行为，但学校很难监控，而对那些经历过网络霸凌的人来说，这可能成为一种创伤经历。青少年或许觉得自己没有办法应对它。要么他们关闭互联网，这感觉就像被同龄人排斥在外；要么他们继续上网，并面对网上关于他们的讨论，但每一分钟都很煎熬。

父母也会感到力不从心。这种技术变革是他们年轻时没有见过的，而且学习如何设定适当的界限并掌握技术需要很多技能。年轻一点的儿童心理治疗师可能会对这种不断变化的技术感到更适应，而且他们会制定策略来防止其侵入，并重视其积极的方面。作为一名年长的治疗师，我有时会感到力不从心，这就好像虽然我生活在一个有技术头脑的家庭，但我得努力跟上不断变化的想法，所以我总是在“升级”。

对于我们在心理治疗中经常看到的比较年轻、有社交焦虑、脆弱的青少年来说，社交媒体的挑战是巨大的，因为他们可能没有足够的情绪成熟度来应对这种复杂程度。我和两个青少年开展心理治疗工作，一个被网络世界的需求淹没了，另一个则逃入了网络世界来避免社交生活的复杂性。

11岁的帕特丽夏只是在慢慢适应青春期的身体和情绪变化，同时适应向中学的过渡。她还没有准备好考虑自己的性取向、身体形象或男朋友。她看到同龄人兴奋地陶醉于自己的每日快照、打扮、跳舞、和男孩子相处，她则因为无法跟上这些而觉得自己愚蠢、窘迫。在治疗中我们探讨了她的焦虑，她担心自己不是同龄群体的一员，但又极度渴望成为这个群体的一员。我鼓励她坚持并重视自己的其他方面，包括艺术素质、兢兢业业的努力、对未来的梦想，但她觉得这些并没有给她想要的在同龄群体中的地位。治疗成了一个避难所，在这里，她可以尝试找出在不断变化的社交媒体世界中自己所认为的对与错，并允许自己设定界限，这是一个她可以找到自己的地方。看着她慢慢地发展出面对这些外部压力所需要的自我能力，发展出思考这些压力对她的影响以及她自己想要什么的能力，这是一个痛苦的过程。

相比之下，内向的青少年托马斯发现，逃避到网络上玩游戏，比在学校面对社交生活的压力更容易。这几个小时的游戏带来的兴奋、竞争和智力挑战满足了他的需求，但仍然让他感到空虚和孤独。托马斯渴望和女生建立亲密关系，同时害怕自己很容易掉进色情片的陷阱，以此来满足自己的性幻想和欲望。他对接近他喜欢的女孩感到很担心。我们在会谈中探索了这些焦虑，谈到如果他真的开始跟女生约会，会害怕自己的嫉妒和占有欲太强。托马斯终于和某个女孩建立了关系，而且开始了解自己的另一面；可能成为初恋一部分的无数感受——温柔、攻击、烦恼、欲望，甚至无聊。这段关系也让他有了安全感，可以脱离虚拟网络世界的诱惑，而在大学里为自己创建生活。

也许互联网最悲哀的一面是，被剥夺和被骚扰的年轻人很容易陷入色情和性剥削的犯罪世界，要么成为受害者，要么成为加害者，要么两者兼而有之。多年来，我一直在一家机构督导儿童心理治疗师，该机构与涉及性虐待的年轻人工作，其中大多数是十几岁的男孩。他们的故事让我想起了自己作为社会工作者服务的那些被忽视和被剥夺的年轻人，他们经常卷入违法行为。这里的不同之处在于，当家庭关系出现问题或缺乏关爱时，他们会沉迷于网络色情中的性、权力和暴力的漩涡，以满足其未被满足的需求。其中一些年轻的施暴者，大多是青春期男孩，在儿童时期曾遭受过性虐待，正在重演这一创伤经历；另一些人则感到孤独、愤怒和被拒绝，而这种对其他人的网络性剥削或真实性虐待是一种感受力量、进行报复或寻找快感的方式。这项出色的地方治疗服务包括为警方转介的年轻人进行评估，随后与父母一起进行治疗工作，并为年轻人提供长程的个体心理治疗，那里的治疗团队特别擅长与年轻犯罪者建立同盟。治疗团队为年轻犯罪者提供了一个安全的环境来思考自己的违法行为，试图在他们整个人生经历的背景下理解其性侵犯的意义。通常是年轻人在当前生活中的焦虑和关系导致了犯罪，尽管早期的创伤或虐待可能是根本诱因。如果父母愿意参与治疗，就能找出导致这种崩溃的家庭背景，并提供与父母的治疗工作。父母关系经常处于压力之下或已破裂，因此导致了父亲的缺席，并失去了由充满爱的父母关系带来的安慰。然后，这些年轻人会退缩，在互联网世界中寻找自己的解决方案，或者使用不恰当的性行为来满足自己缺乏的兴奋和接触。在这些剥削性的网络关系中，主要是与年轻女孩的关系，年轻男子将自己羞耻和屈辱的感受表现出来，这些感受来自他们被欺负或羞辱、虐待的记忆。至关重要的是，鼓励父母或照顾者了解他们的困境，并更多地为这些年轻人的日常生活提供支持，除此之外还要提供个体心理治疗来帮助青少年探索和理解自己的行为。

发展复原力

为了总结对青少年治疗的讨论，我想回到马戈・沃德尔（Waddell，2006）的论文，她在论文中探讨了青春期复原力的发展。她疑惑，为什么一些年轻人在面对青春期复杂而烦恼的经历时，会拒绝加入欺凌的群体文化，而另一些人则会对更脆弱的年轻人进行疯狂的嘲讽。她认为这可以追溯到婴儿早期，在那时一个小孩需要父母理解和管理这些攻击、兴奋和脆弱的感受。如若不然，婴儿将不得不求助于原始战斗或逃跑防御来抵御这些强烈的感受。后来作为一名青少年，这个孩子可能不得不将从他人那里受到的伤害投射到被惩罚的外部受害者身上，而具有强烈自我意识的青少年有足够的信心不诉诸此种行为。

马戈・沃德尔还着眼于更广泛的社会背景——家庭、学校、社会，以及鼓励或包容这些更具破坏性感受的文化。她描述了个人如何能发展出“内部帮派”，即不容忍任何脆弱或需求的自我方面。在心理治疗中，我们经常看到年轻人对自己残忍和惩罚，破坏自身进步，以及欺负他人。通过为这些感受提供第二次被容忍和理解的机会，来帮助这些接受治疗的年轻人发展复原力，这是我们作为青少年心理治疗师工作的一个重要方面。

参考文献

Beebe，B.（2005）Mother–infant research informs mother–infant treatment. *Psychoanalytic Study of the Child* 60：6–46.

Daws，D.（1999）Brief psychotherapy with infants and their parents. In M. Lanyado & A. Horne（eds）*The Handbook of Child and Adolescent Psychotherapy*，pp. 261–272. London and New York：Routledge.

Dowling，D.（2006）The capacity to be alone. In M. Lanyado & A. Horne（eds）*A Question of Technique*，pp. 54–68. London and New York：Routledge.

Fraiberg，S.（1996［1950］）*The Magic Years: Understanding and Handling the Problems of Early Childhood.* New York：Simon & Schuster.

Fraiberg，S.，Adelson，E. & Shapiro，V.（1975）Ghosts in the nursery：A psychoanalytic approach to the problem of impaired infant–mother relationships. In L. Fraiberg（ed）*Selected Writings of Selma Fraiberg*，pp. 100–136. Columbus，OH：Ohio State University Press，1987.

Lanyado，M.（2001）The symbolism of the storyof Lot and his wife：The function of the ‘present relationship’ and non-interpretive aspects of the therapeutic relationship in facilitating change. *Journal of Child Psychotherapy* 27（1）：19–33.

Ogden，T.（1997）Reverie and metaphor：Some thoughts on how I work as an analyst.
International Journal of Psycho-Analysis 78：719–731.

Stern，D.（1985）*The Interpersonal World of the Infant.* New York：Basic Books.

Stern，D. et al.（1998）Non-interpretive mechanisms in psycho-analytic therapy：The ‘something more’ than interpretation. *International Journal of Psycho-Analysis* 79：903–921.

Tonnesmann，M.（1980）Adolescent reenactment，trauma and reconstruction. *Journal of Child Psychotherapy* 6（1）：23–44.

Trevarthen，C.（2014）Stepping away from the mirror：Pride and shame in adventures in companionship. In C.S. Carter，L. Ahnert，K.E. Grossman，S.B. Hardy，M.E. Lamb，S.W. Porges & N. Sachser（eds）*Attachment and Bonding: A New Synthesis*（Dahlem Workshop Report 92），pp. 55–58. Cambridge，MA：MIT Press.

Tronick，E.Z. & Gianino，A.（1986）Interactive mismatch and repair：Challenges to the coping infant. *Zero to Three* 6（3）：1–6.

Waddell，M. (2006) Grouping or ganging：The psychodynamics of bullying. *British Journal of Psychotherapy* 23（2）：189–204.

Winnicott，D.W. (1953) Transitional objects and transitional phenomena. *International Journal of Psycho-Analysis* 34：89–97.

Winnicott，D.W. (1956) The anti-social tendency. In D.W. Winnicott (ed) *Deprivation and Delinquency*，pp. 120–131. London and New York：Tavistock，1984.

Winnicott，D.W. (1968) Delinquency as a sign of hope. *Prison Service Journal* 7（27）：2–9. A talk given to the Borstal Assistant Governors' Conference，held at King Alfred's College，Winchester，April 1967.

Winnicott，D.W. (1971a) *Therapeutic Consultations*. London：Hogarth Press. Reprinted by Karnac，1996.

Winnicott，D.W. (1971b) Playing：A theoretical statement. In *Playing and Reality*，pp. 38–52. London：Tavistock.

第 5 章
关于短程治疗的反思

我们通常会认为，儿童心理治疗跟长程开放式的心理治疗相关联，针对复杂问题的儿童而开展，但我们也一直提供一系列的短程干预，以贴合更多儿童的需要。短程心理治疗使用的也是熟悉的治疗技术，但治疗会更聚焦，范围也更有限。

20 世纪 20 年代，温尼科特在帕丁顿格林医院担任儿科医生时，设计了一种早期的短程干预的范例。他需要给每天看诊的婴儿进行快速评估，因此他设计了一种巧妙的方法。当母亲和他说话时，婴儿坐在母亲腿上，他将一把闪闪发光的刮刀放在桌子边上。他饶有兴趣地观察到，婴儿拿到这个闪光的物体后继续带着好奇和兴趣去探索它的时候有多自在。这是一个健康的反应。如果这个孩子无视这把刮刀，或者过于焦虑而不敢去拿，他就会有所警觉。这个婴儿天生的玩耍能力受到了干扰，接下来他就会探索更多。我把这个过程描述得很简单，但温尼科特在他的论文《在特定情境下的婴儿观察》（*The Observation of Infants in a Set Situation*）中详细地描述了他在这种情境下做婴儿观察时的发现。

温尼科特在儿童精神病学领域与幼儿的初次会谈中，开发了一种既有趣又严肃的短期干预，他称之为涂鸦游戏。他认为，第一次治疗会谈对寻求帮助的儿童或成人来说具有特殊的意义，其间发生的事情往往是至关重要的交流。他快速画了个歪歪扭扭的东西，邀请孩子来完成，然后孩子又歪歪扭扭地把它画成某个东西。孩子们的绘画是一种自发的反应，往往揭示了当前问题背后更深层次的问题，以一种孩子无法用语言表达的方式进行交流。他说他们有时候会在一次会谈中画

20~30 幅画，渐渐地这些共享画作开始有了更深层次的意义，孩子觉得它们是最重要的交流。他说：

> 在这项工作中，专业人士并不需要那么聪明，而是要能在专业环境中提供一种自然和自由流动的人际关系，让患者逐渐能因自己产生的想法和感受而惊喜，这些想法和感受以前从来没有被整合进人格中。（Winnicott，1968：299）

这句话可以用在我们所有跟儿童的治疗性接触中。

治疗师的角色是提供一个情感抱持的环境，在这里整合情感体验。在他的《儿童精神病学治疗咨询》（*Therapeutic Consultations in Child Psychiatry*）（Winnicott，1971）一书中记载了这些会谈，并发表了一些精彩的见解，即在一次或两次咨询中，干预是如何在跟孩子玩耍的互动中发挥作用的。

我们在前一章讨论过，迪莉斯·道斯（Daws，1985）在全科医生婴儿诊所为父母和婴儿提供的咨询，是短程干预的另一个例子。此后又开发了许多其他的短程疗法，包括塔维斯托克诊所针对五岁以下儿童的咨询服务和布伦特青少年中心（Brent Centre for Young People）为青少年提供的免预约诊所。

我们发现了一个特别有效的短程干预方法，那就是我们在卡塞尔医院开展的养育评估，这项评估是法院评估服务的一部分（Dowling，2009：26）。它满足了法院对父母参与心理治疗的可能性的快速评估的需要，目的是帮助他们回到照顾孩子的工作上来，同时也让父母思考他们的养育方式和改变动机。

养育评估

这些由家庭服务中心开展的门诊评估分两次进行，第一次是父母跟孩子一起参加，第二次只有父母。之前由于抚养中的严重问题跟父母分开的孩子们，在这次会谈中重新和父母聚在了一起。一位儿童心理治疗师和一位成人心理治疗师共同主持了这次会谈。会谈有一个固定的结构，可能会有些混乱和情绪紧张，因为父母们经常会在这一个小时的会谈时间里，忙于管理兴奋而焦虑的孩子们。有这两位心理治疗师的加入，我们就有可能看到家庭内部互动的细节，在随后撰写评估报告时也会一起斟酌。在第一次会谈中，当家庭在一起玩耍或者说话，我们可以观察孩子们是如何跟父母以及彼此建立关系的。我们寻找父母们的优势和不足，以及观察他们各自能否敏锐回应孩子的需求。当父母们两周后再回来，我们鼓励他们去思考第一次会谈中的挑战，他们的孩子对于重新回到父母身边的感受是怎样的，以及他们需要父母提供什么帮助。这些会谈能高度唤起父母的情绪。他们知道自己正在接受父母潜能评估，而这些评估可能是改变的催化剂，帮助他们面对自己曾否认或者回避的困扰，从而使得他们有能力重新照顾自己的孩子。

短程儿童心理治疗技术

和开放式的长程治疗相比，短程治疗更聚焦，也在范围上更局限，在许多情境下，它都是有效的治疗方法，尤其是当儿童处在危机中和想要获得帮助时，或者长程治疗让他们感到害怕时，儿童和成人都可以很好地从 6 次、12 次或者 18 次的心理治疗会谈中获益。如果问题是最近为应对内部或外部压力而产生的，而不是困扰青少年多年的严重议题，短程干预可能更有效。短程干预不适用于那些有严重情绪问题、被剥夺和忽视的儿童，他们需要长程的心理治疗来建立安全关系，内化积极的自我意象。评估中需要考虑到所有这些因素。有时候父母会希望只进行短程干预，然而只有长程干预才能帮助到一个严重被困扰的孩子。

兰亚多（Lanyado，2009）在她的书中强调了保持明确的治疗焦点的重要性。她指出，治疗也可以转移到其他影响孩子生活的方面，但这就有可能破坏已有共识目标的实现。在治疗的初始阶段，和孩子或者父母设定清晰的目标，或者单独跟青少年设立目标，就是一个很有帮助的聚焦，基于目标的效果测量便是一种有效的工具。在治疗开始的时候，测量问题的当前水平，接着在工作回顾或者结束的时候再次测量。凯茜·特罗普（Cathy Troupp，2013）在一篇文章中讨论了这些测量工具的使用，她建议治疗师考虑设立两个目标：一个内部的目标和一个行为上的目标。内部改变可能是"和朋友在一起时自信多了"；而行为改变可能是"可以去参加过夜派对了"。基于目标的效果测量的价值在于，这是孩子和心理治疗师之间的一个合作计划，并且给了诊所关于效果的有效反馈。

在短程工作中，心理治疗师可能会更积极主动地吸引年轻患者投入进来，确保关键问题得以解决。但是治疗关系仍然是治疗的核心，并且由于时间有限，关系可能会更加紧张。时间限制塑造了治疗模式，明确了治疗工作的初始、中期和结束阶段。心理治疗师必须非常清楚正在形成的移情关系，以及在治疗过程中，青少年和心理治疗师的关系，以及患者的心理状态。但治疗师可能不会向患者直接提出这个问题，他们不会在如此深的层面展开工作，因为他们马上就要分开了。然而，青少年生活中发生的小变化则可能会对其他方面产生连锁反应，就像凯茜·特罗普描述的过夜派对被青少年当作一个里程碑事件，而他先前由于分离焦虑无法在外面过夜。在整个治疗过程中，要记住的是有一个结束日期，这可以让失去和分离的感觉在预料之中，并能以一种非常有帮助的方式完成分离。

CAMHS 的儿童心理治疗师提供了一系列的短程治疗：亲子心理治疗、父母单独进行的咨询、与多专业团队的其他专业人员联合评估、儿童心理治疗评估和短程治疗干预，以支持年轻人度过危机。

最近出现了短程精神分析心理治疗（short-term psychoanalytic psychotherapy，STPP），这是一种针对严重抑郁青少年的指南式干预（Cregeen et al.，2018），如今在许多 CAMHS 诊所都提供这种治疗。这种模式为青少年提供持续 28 周的咨询会谈（每周一次），同时为他们的父母提供 12 次支持性会谈。IMPACT 研究（一种随机双盲多中心大型临床试验范式）是英国第一个针对短程儿童心理治疗的大规模研究，该研究表明 STPP 模式取得了显著的进步：接受 STPP 的青少年中，85% 的人在治疗结束的一年后，不再有符合抑郁诊断标准的症状，焦虑症状减少了 59%，强迫症状减少了 43%，功能损害减少了 45%（Midgley et al.，2017）。阿巴斯等人（Abbass et al.，2013）做的一项述评认为，STPP 疗法对很多儿童青少年常见精神障碍可能有效。

在各种情境中，对灵活又经济的治疗性反应的需求，一直是儿童心理分析治疗改变的催化剂，且已经给短程工作带来了一系列有价值的发展，其中有一些会在本书的最后一部分展开讨论。挑战就在于，要保持心理分析疗法的关键部分——对我们行为和关系的无意识方面的认识，以及儿童发展性因素的重要性，同时还带着时间限制的方法。

参考文献

Abbass，A.A.，Rabung，S.，Leichsenring，F.，Refseth，J.S. & Midgley，N.（2013）A psychodynamic psychotherapy for children and adolescents：A meta-analysis of short-term psychodynamic models. *Journal of the American Academy of Child and Adolescent Psychiatry* 52（8）：863–875.

Cregeen，S.，Hughes，C.，Midgley，N.，Rhode，M. & Rustin，M.（2018）*Psychoanalytic Child Psychotherapy: Principles and Evidence in Short-Term Psychoanalytic Psychotherapy for Adolescents with Depression. A Treatment Manual by Simon Cregeen*. London：

Routledge.

Daws，D.（1985）Two papers on work in a baby clinic：Standing next to the weighing scales. *Journal of Child Psychotherapy* 11（2）：77–85.

Dowling，D.（2009）Thinking aloud：A child psychotherapist assessing families for court. In A. Horne & M. Lanyado（eds）*Through Assessment to Consultation*，pp. 26–43. London：Routledge.

Lanyado，M.（2009）Brief psychotherapyand therapeutic consultations. In M. Lanyado & A. Horne（eds）*The Handbook of Child and Adolescent Psychotherapy: Psychoanalytic Approaches*，pp. 233–246. London：Routledge.

Midgley，N.，O' Keefe，S.，French，L. & Kennedy，E.（2017）. Psychodynamic psychotherapy for children and adolescents：An updated narrative review of the evidence-base. *Journal of Child Psychotherapy*，43（3）：307–329.

Troupp，C.（2013）'What do you want to get from coming here?' Distinguishing patient generated outcome measures in CAMHS from a bespoke sandwich. *Child and Family Clinical Psychology Review* 1：19–28.

Winnicott，D.W.（1941）The observation of infants in a set situation. In D.W. Winnicott（ed）*Through Paediatrics to Psychoanalysis*，pp. 52–69. London：Hogarth Press. Reprinted by Karnac，1992.

Winnicott，D.W.（1968）The squiggle game. In C. Winnicott，R. Shepherd & M. Davies（eds）*Psycho-analytic Explorations*，pp. 299–317. London：Karnac，1989.

Winnicott，D.W.（1971）*Therapeutic Consultations in Child Psychiatry*. London：Hogarth Press.

第 6 章
家长的参与

当父母有亲子关系困扰时，或者当他们看着孩子在生活中挣扎却不知道如何施以援手的时候，父母就会失去信心。会见儿童心理治疗师或者专业人士，思考他们关心的议题，会给他们带来新的视角，提供一个反思的空间，远离充满激烈情绪的家庭生活。许多因素塑造了他们跟孩子的关系，孩子的个性和在家庭中的位置、孩子的成长史，以及父母在孩童时期的经历，都可能侵入他们现在的家庭生活。正如塞尔玛·弗雷伯格所说的那样：

> 即使在爱情纽带很稳定且牢固的家庭里，来自父母过去经历的入侵者也可能在毫无防备的时刻打破魔圈，父母和他们的孩子可能会发现他们再现了另一个时代另一组人的某个时刻或场景。（Fraiberg et al.. 1975）

除此之外，生活事件对家庭的影响、父母之间的夫妻关系，以及家里其他孩子的气质，所有这些都会对青少年的发展产生影响。

在这一章中，我将探讨与父母的治疗工作中出现的一些临床议题，其中包括：跟父母讨论他们的早期经历对其养育工作的影响，夫妻之间可能产生的紧张关系，考虑生活事件及其如何对家庭动力产生影响，还会讨论与父母工作的工作人员可能会遇到的更严重的风险因素。儿童心理治疗师可以直接跟父母工作，同时也跟孩子工作，或者最好是由同事去跟父母工作，这样父母就有了一个单独的空间去探索相关议题。那么儿童心理治疗师就可以聚焦在眼前的青少年身上，他们知道父母的需求和担忧有同事在处理。就像在前一章中谈到的，理想情况下，如果父亲还和孩子待在一起，他就要从治疗一开始就参与其中，但如果父母已经分开了，那分开的会谈可能更合适。儿童心理治疗师仍然会周期性地会见父母，但会有同事在场，所以父母和孩子的视角都会被纳入考虑。和家长的会面可以是每两周、每个月或者每学期进行一次的定期会谈，但至关重要的是，要保证家长理解自己在帮助孩子康复方面扮演的角色。这种在儿童治疗中与家长一起工作的模式，可能在包含多学科团队的公共组织或者志愿组织内开展，抑或是私人执业机构。当儿童心理治疗师同时跟孩子和父母工作时，同事和督导的支持就显得尤为重要，因为他们可以提供必要的思考空间，以明晰这两个相关的工作领域之间复杂的动力。

将与父母的治疗工作作为儿童治疗的支持

当孩子开始进行心理治疗时，父母需要为接下来一段时间的变化做好准备，因为他们与孩子的关系和家庭的动力必然会因为这种干预而发生变化。由于青少年往往在家或在学校时变得愈加痛苦或者愤怒，前来求助的困扰在治疗中开始得到探索，所以可能会有一段困难时期，尤其是在治疗开始的前几个月。父母会发现，他们也需要做出不同的反应，来帮助孩子度过这些情绪激烈的时刻，处理他们跟兄弟姐妹的关系。对孩子的治疗和对父母的治疗应该是平行的。孩子在心理治疗方面的工作将会对家庭关系产生新的启发，而父母也可以反馈对在家的青少年的观察和体验。儿童治疗师和父母治疗师之间的密切工作关系为治疗工作创设了一个包容的环境，确保父母跟难缠的孩子斗争时不可避免产生的紧张情绪得到理解。

这种方法可能不会被所有儿童心理治疗师接受，因为有些人可能会认为青少年需要在所有的会谈中和父母一起出现，这样他们才不会感到自己被人在背后谈论了。我认为在有些青少年身上的确如此，大一些的青少年可能不需要父母参与，但我的经验是，大部分跟父母发生冲突的青少年都希望自己得到帮助。只要他们的保密性能够得到尊重，他们就不希望参与所有讨论。

探索父母的视角

在父母的心理治疗中，我们鼓励他们在每次会谈的开头分享自己的担忧和观察。对心理治疗师来说，父母的到来提供了很丰富的素材。观察他们如何跟你打招呼，如何回应彼此（如果夫妻一同前来的话），以及父母如何呈现他们关心的议题，都会将他们亲子关系中的现状与生命力带进咨询室。我记得一对夫妻的到来是这样的：

> 父亲一坐下来就瘫在了椅子上，一言不发，而他的妻子则急切地坐在椅子上，身体前倾，想要告诉我他们儿子最近的一次危机。

听母亲讲故事很容易让人全神贯注，但我一直关心的是，怎么从父亲的沉默中读懂他强烈的情绪。我意识到这可能意味着很多东西：他绝望地认为这次会谈对他没什么用，儿子又一次激怒了他，又一次争吵让他感到内疚和无助，或者因为他们对十几岁的儿子看法不同而产生分歧，这是否也反映了父母之间的紧张关系？

这些不同的想法一直浮现在我的脑海里，我一边听着这位母亲的话，一边思考怎么把父亲拉进谈话中，听听他的观点。最明显的是他们截然不同的说话方式。父亲慢吞吞的，结结巴巴地想讲清楚和儿子之间痛苦而冷酷的冲突，这让我想知道，父子关系中正在重演的是什么。我问这位父亲，他自己青少年时期跟父亲相处的经历是怎么样的。我在想儿子的挫败是否激活了他自己青少年时期跟父亲相处的记忆，然后这些可能会无意识地加剧他对儿子的愤怒。我知道，如果这是一个重复的模式，我可以帮助父亲从他的青春期自我中摆脱出来，把它摆到台面上，这可能会帮助他从一个新的视角去共情儿子。

在家长治疗的前几周，往往会很紧张，因为家长通常在开口求助之前已经忍耐了许久。一开始，他们可能只需要和他们的儿子或者女儿讨论他们的麻烦事，分享孩子的行为带来的焦虑、愤怒和困惑，以及他们过去和当下的亲子关系。有时候，我们通过要求澄清，或者把难以表达的感受用语言表达出来，来推进这种探索。治疗师努力去建立一个治疗同盟以维持平衡，帮助父母对孩子真正的困难和正常发展中的困难加以区分。在你指出来之前，父母们可能都不会意识到他们孩子的优势、韧性以及脆弱之处。

父母的防御

为人父母的经历会将一些意想不到但又强烈的感受拉出水面，这种感觉似乎跟成年生活中其他方面运行良好的逻辑相违背。一位父亲可能能够管理一个工程公司的大团队，但他的小女儿却愤怒地告诉他她恨他，还是会让他感到一无是处，让他想起那些被拒绝或者不称职的时刻。这种新的挫败感通常需要某种防御方式来掩盖，但这可能会阻止父母探索和理解这些令人困扰的感觉。一位母亲可能变得沉默寡言，父亲可能会在感觉到力量被削减的时候变得非常严厉。在治疗工作中，我们需要尊重这些防御，但同时也要在会谈中提供一个空间来探索，这种自我保护行为是否会对他们的养育能力产生影响。当父母们发现，每个人在做父母这件难事时都有这些反应，而这些反应又都是如此正常，对他们来说，这可能会是一种解脱。

父母早期经历的影响

随着父母开始信任他们的治疗师，他们的情绪也会趋于平稳，通常就会开始对塑造他们生活的动力产生好奇和兴趣。在了解家庭生活对孩子产生的影响之后，他们也会产生疑问，自己早年的生活是如何塑造自己的。他们发现，孩子的行为激活了自己童年时期的情绪和记忆，经常给他们之间的关系制造紧张和距离。夫妻之间可能从来没有跟对方说过童年时代那些已然忘记但又至关重要的事情。在亲子会谈中，分享他们的经历，可以帮助父母理解他们之间的差异，这些差异可能一直被压抑着，直到现在才被理解。

成人依恋研究（George et al.，1985）揭示了父母在童年时期被抚养长大的经历是如何影响他们养育子女的，以及这些模式又是如何持续下来的。依恋研究表明，父母的内在关系模式分为四种类型：安全型、焦虑型、回避型和创伤型。这种关系模式可能在和孩子的关系中重复出现。所以，那些从小目睹父母回避表达或者无法直面令人困扰感受的父母们，已然将这种行为方式内化。他们也会以同样回避的方式对待孩子，除非他们能认识到自身早期经历在成长过程中对自己的影响。然而，那些早年生活得非常困难的父母，如果有能力去反思这些经历，觉察自己在情感上是如何受到这些经历的影响的，就能够避免在自己孩子身上重复这些消极的养育模式（Main et al.，1985）。父母如何跟孩子相处，这种相处是否受父母对待自己的方式所影响，有关这方面的思考能让父母们得到帮助。玛蒂娜联系我，希望参加一些育儿课程，因为她担心她也会不自觉重复她父母的行为模式。从她的描述中，玛蒂娜的父母听起来像是回避型模式。她回忆道，他们不喜欢任何形式的亲密行为，且回应她的方式缺乏敏感性。

玛蒂娜，一个冷静而体贴的女人，为自己对儿子艾伦的愤怒反应百思不得其解。艾伦还处于蹒跚学步阶段，非常调皮。对于她对待儿子的恼怒和暴躁，我也感到十分惊讶，想知道这是为什么。她告诉我，她的父母厉行规则，对谈论感受毫无兴趣，尤其是她的父亲，从不把她的抗议当回事儿。玛蒂娜想用不同的方式养育孩子，但她发现，当她儿子不听话时，她有种变得严厉的冲动，而这只会让儿子的行为变本加厉，去咬和抓玛蒂娜。看上去，艾伦似乎感觉到了母亲的不确定，并试探她会怎么做。一旦玛蒂娜认识到这种重复的模式，谈论这些早期的记忆，她就能在儿子发脾气的时候更好地保持冷静。这些回忆让她回想起了小时候无法自由表达感受的那些愤怒和沮丧，于是她决意要让艾伦和她的关系有所不同。

过去的回声

父母们会发现，在某个发展阶段管理孩子会格外困难，因为自己在某段时期的压力也特别大。这种情况在青少年时期格外明显。父母常常会不确定如何处理青少年反复无常的情绪和性冲动，尤其是在他们自己的青春期也很困难的情况下。在我和一位同事一起开设的育儿课上，父母们常常会惊讶于自己的成长经历如此深刻地影响了他们现在对青少年孩子的反应，这使得他们更容易理解这些关系中的张力。就像有位母亲，她记得自己青少年时期被性侵的经历，意识到自己现在对女儿过度控制，不希望她重复自己的模式。当另一位家长指出，这位母亲的女儿比她当初有着更稳定的基础，所以她女儿不太可能会通过性来寻求安慰，听到这些，这位母亲松了一口气。当父母们在这样的小组里彼此分享感受时，往往带着幽默、挫败以及悲伤，他们就不会因为担忧而变得如此孤立无援，也不会为当前家庭中出现的困难而很快走向自责。

养育和文化的影响

作为儿童心理治疗师，我们被社会文化期待所塑造，同时也把它们带进了我们和家庭的工作中。很难弄清楚，我们对一个与我们截然不同的家庭的反应，在多大程度上是由文化历史因素引起的。想到最近的一个简单例子，我对一个拒绝跟家人一起吃饭的青少年的反应，就跟父母毫不在意的回应大相径庭。因为在我的家庭里，孩子出现在餐桌上天经地义，所以我理所当然地以为这是家庭生活中很重要的一部分。我曾在英国和亚洲一些国家开设过育儿课程，对不同文化背景下我们对孩子的期待和担忧有多少共同之处很感兴趣，但我也看到，在性别角色、对孩子的期望和家庭生活方面，我们的文化深刻地塑造着我们。和家长们开诚布公地探讨这些问题，有助于澄清他们自己的内部压力，也能帮助治疗师认识到观点上的差异。在不同文化背景下长大的夫妻，当他们为人父母时，会发现他们的观点经常有冲突。当孩子到了父母的这些差异变得明显的年龄，他们会发现宗教和文化信念上的差异会造成他们对孩子的不同期待，于是张力就出现了。和伴侣一起思考这些差异，有助于他们协商并达成共识，以免孩子的行为成为家庭冲突的焦点。

家庭成员之间的投射过程

我们在心理治疗中看到的一个常见模式是，被送去接受治疗的“生病的孩子”身上带着父母投射的、未解决的焦虑。和父母们讨论他们的原生家庭可以揭示这些模式，比如在下面的例子中，父亲过去的焦虑加剧了儿子的情绪困扰。

> 回想起自己的童年，这位父亲想起了自己的弟弟。他性格孤僻，精神也不太正常，后来被诊断为阿斯伯格综合征，是一种自闭症谱系障碍。他意识到，这让他担心儿子也会出现类似的情况。他对儿子行为举止中任何能让他

想起弟弟的方面都变得高度敏感，这也导致他忽略了儿子的温暖和外向，尽管偶尔也会有点社交尴尬。通过讨论，他意识到他们两个是多么地不同，他对儿子的回应也改变了，变得更自在，也没那么焦虑了。

生活事件对儿童发展的影响

生活中的事件会影响整个家庭，但每个人都会以自己的方式看待，可能会对其他人的反应感到惊讶。在儿童心理治疗中，我们听到了孩子对事情的看法，以及这些是如何塑造他们对自己和他人的看法。这些经历可能是像一个孩子出生那样的平常事件，也可能是像重病、死亡或者社会灾害那样的创伤事件。当父母和治疗师一起回顾孩子成长过程中那些有压力的事件时，他们会发现为什么孩子在那个阶段发展受阻，由此带来了长期的问题。如果一个青少年上初中之前特别焦虑，那么追溯到早些时候可能是有用的，看看是否有突然的分离或者创伤性丧失，让这个孩子对可能再次触发他们早期恐惧和丧失的转变异常敏感。

在与家长的定期回顾中，儿童心理治疗师和父母工作者（如果有的话）可以帮助家长反思是什么导致了孩子的问题，同时回顾孩子当前的进展。如果父母发现了孩子困难的可能原因，就可能会改变他们对孩子行为问题的看法，现在他们明白了孩子痛苦的潜在含义。他们可以跟孩子产生共鸣，而不是在下次出现问题时勃然大怒。

马库斯的父母很担心他对妹妹的残忍行为。在六个月治疗期间的定期回顾会谈中，这个问题得到了讨论，他们终于明白了是什么让他对妹妹如此嫉妒，他们感到如释重负。

马库斯六岁，脾气暴躁、行为像个小孩子一样，非常嫉妒妹妹，有时他会趁父母不注意时伤害妹妹。我跟父母工作者与这对父母在一次家长会谈中讨论这个问题的时候，他们告诉我们，妹妹是早产儿，这让他们颇有压力。马库斯的母亲当时刚刚失去了自己的母亲，她感觉自己很难带着哀伤应付两个嗷嗷待哺的婴儿。

我们询问了妹妹出生时候的家庭生活。父母还记得，当时三岁的马库斯为妹妹得到的所有关注而苦恼不已。我们谈到他是如何突然失去了父母对他的关注。马库斯不太理解这种危机，认为可能因为自己妈妈才这么伤心，觉得妈妈不再像以前一样爱自己了。马库斯的父母也承认，他们当时处于疲惫而焦虑的状态，没有意识到他的痛苦。马库斯不自信，一直无法容忍妹妹，也无法处理跟同龄人相处时的愤怒和嫉妒。有了对这些因素的理解，父母更能包容马库斯的无理行为，并帮助他控制这些情绪，同时他也一直在治疗中处理这些困扰他的情绪。治疗进程缓慢，因为这些都是他很难接受和克服的根深蒂固的感受，但父母感觉更有希望了，他们现在也能够帮助到他，改变就有了可能。

与重病或残疾的兄弟姐妹生活在一起

最近，我见到一些前来求助的青少年，他们跟重病或者残疾的兄弟姐妹一起长大，父母带他们来是因为担心这会影响到孩子。我意识到，这种经历对于“健康孩子”也是有挑战性的。他们认为自己应该去面对，因为他们不想增加父母的负担，但他们找不到一个地方发泄兄弟姐妹的疾病及其影响带来的愤怒或哀伤。一个刚成年的男孩告诉我，当他还小的时候，他感觉自己在家里是“隐形”的，因为全家的注意力都给了病入膏肓的哥哥。在他 14 岁的时候，哥哥去世了，这让他更难表达悲恸，因为哥哥去世后被父母理想化了。他有时觉得自己在父母眼里就是个可怜的替代品。这些在和父母讨论的时候是很敏感的话题，因为他们知道自己无法保护孩子免受这些压力事件的影响。但是当这些困难时刻被公开讨论时，对于治疗中的愤怒或者抑郁的年轻人来说，可能是一种解脱，他们可能在表达整个家庭未解决的悲伤。家庭会谈可能是讨论这些话题的最好环境了，最好有家庭治疗师的支持，因为家庭中的每个人都对过去难以分享的事情带着回忆和痛苦的感受。

处理父母的夫妻关系及其对家庭动力的影响

父母的生活经历和对孩子的期望塑造了孩子身边的家庭环境。有时，父母的关系可能会因为他们之间或者家庭内部的紧张关系而受到影响。如果能帮他们一起去探索潜在的压力，相互扶持走过艰难岁月，整个家庭都会维持一种平衡感。和父母工作的治疗师需要对边界十分敏感，因为我们并不会为父母自身的因素进行治疗，但如果他们同意把焦点放在接受治疗的孩子的福祉上，那么就会形成一种公认的边界。

在夫妻关系的张力和接受治疗的青少年所经历的困难之间，往往存在一种动力。如果父母之间存在未解决的冲突，他们可能会被拖进跟孩子过度亲密的关系中，用来防御夫妻关系中的亲密需要。这在孩子青春期的时候尤甚，随之而来的是性冲动和攻击性的复苏。父母则可能陷入与青少年孩子的俄狄浦斯（恋母）关系中，来回避这个年龄段必然会出现的分离之痛。父母和孩子的关系可能会出现配对，母亲和儿子情感上过于亲密，致使父亲感觉自己被排斥了；另一种情况是，父亲和十几岁的女儿发生激烈争吵，而母亲置身事外。

孩子被卷入到这种竞争关系中，或者有时候试图激怒父母，力挺父母一方面反对另一方。这妨碍了他们在家庭之外寻找自己独立身份的需求，而这种需求在他们成长过程中十分必要。我们在他们的治疗中看到，青少年经常被这些过于亲密的关系所困。他们希望父母之间是深情款款、亲密无间的，会对被边缘化的父母一方内疚不已。帮助父母们认识和处理这些动力，思考是什么横亘在他们中间，又有什么可以帮助他们更亲密，可以减少家庭的裂痕，让孩子在情感上自由完成分离。相反，有时父亲和孩子们之间的疏远是因为他的工作需要，或者他的家庭角色需要他这么做。我常常见到男孩们在成长过程中是如此渴望跟父亲的关系更亲近，一旦父亲对家庭的参与度提高，也许是一起参加单独共处的活动，他们就会深受鼓舞。

作为治疗师，我们观察到的另一个有关的家庭模式是，当夫妻关系中未解决的敌意与失望投射在家庭里某个特定的孩子身上，他就会被批评和被讨厌。这使得夫妻俩能待在一起，联合起来关心或谴责被视为“问题”的孩子。心理障碍的根源可能在孩子刚开始接触治疗时并不明显，但在接下来的几个月里，随着跟父母的工作深入会愈加显而易见。在我的儿童心理治疗生涯早期，我就了解了这一点。当时我在卡塞尔医院工作，这个医院在当时会为家庭提供治疗，是英国国家医疗服务系统（National Health System，NHS）的住院资源。那个时候我曾为一个年轻女孩进行心理治疗，她父母给她服用了有害的药物，而父母有自己的个体治疗。她是诱导性疾病综合征（induced illness syndrome）的受害者。我在一篇题为《毒胶》（*Poison Glue*）的文章中详细写过这个问题（Dowling，2008）。

> 在和这个家庭的工作中，浮出水面的是父母对孩子愤怒而隐秘的攻击，而这实际上是夫妻双方对对方感到愤怒和失望的付诸行动。他们都感到被对方忽视和虐待了，但是出于对对方的迫切需要又使得他们拒不承认这一点。父母双方都在童年时期经受过忽视和虐待，毫无疑问他们无法满足彼此的需要。这个家庭需要一个安全的住院环境来处理这种严重的紊乱。在这里，父母和孩子都接受了心理治疗，以及照顾孩子需求方面的护理支持。他们的女

儿在她自己的治疗中缓慢地康复过来了，父母也努力重获了她的信任，家庭关系得以重建。

尽管这是一次严重的护理事故，家庭中的孩子带着夫妻之间无法被承认的焦虑、抑郁或者敌意，但这种模式在和父母的治疗工作中十分常见。孩子可能会因为感受到父母之间的距离越来越远，就用制造麻烦或者生病的方式，制造点困难把父母拽在一起。无论哪种方式，孩子都让父母从彼此的争吵中转移了注意力。这通常是一个潜意识的过程，直到跟接受治疗的父母与孩子讨论过后才会显现出来。父母们不得不面对这样一个痛苦的事实：他们之间的困扰才是引发孩子痛苦情绪的潜在来源，而跟父母工作的治疗师可能一开始会感受到父母的敌意或否认，而不是承认。对治疗师来说，这是一项艰巨的工作，他们可能会担心这会破坏父母与治疗师的同盟，而目前这种同盟对治疗工作尚且具备保护作用。但是，与父母一同克服这一点，能够改变家庭动力，纾解那些自认为有责任维系家庭的孩子的压力。

与父母一起工作的挑战及风险应对

父母和治疗师之间的紧张关系可能会悄然影响孩子心理治疗工作的持续进行。在我的经验中，一旦孩子的心理治疗工作看起来威胁到了现有的状态和父母的情绪稳定性，这些冲突就会随之而来。父母可能在情感上依赖孩子，因此他们不能容忍孩子因为接受治疗而变得更加独立，与自己分离。这里有一个担心是，父母的情绪问题会影响他们对孩子的照顾。对儿童心理治疗师来说，这种情况着实让人不安和棘手，这通常需要一位督导的支持，以帮助理清这些复杂的问题，澄清其中的动力。

在儿童心理治疗的评估阶段，我们通常会去预测这些可能的困难，谨慎地判断父母能否忍受这项工作带来的情感挑战，但情况并非总是如此。

我以和一个小女孩的工作为例。她不能跟母亲分离去上幼儿园，因为她们都不愿意放弃她们的亲密无间。在这种情况下，解决问题是可能的，因为父母能够认可她对丧失的恐惧，但我感觉在平衡母亲的需要和孩子的需要之间处于一种不稳定的状态。

> 我在 CAMHS 见到前来求助的马内尔时，她才四岁。她非常害羞和紧张，而且很难离开妈妈去上幼儿园。她的妈妈多思多虑且有些抑郁，刚刚移民到英国，有些寂寞和孤独，因而非常渴望孩子的陪伴。当马内尔在治疗中变得越来越自信，越来越坚强，这位妈妈感觉女儿再也不需要自己了。虽然她也很爱自己的女儿并且希望她好，但她对女儿身上呈现的这些变化感到恐惧和愤恨。
>
> 当这位妈妈和我定期见面回顾会谈时，我们之间的关系变得非常紧张。我觉得我在她眼里就是夺走她女儿情感的敌人，或者是入侵并强制改变她家庭生活的权威。我是在私人执业情况下与这个个案开展工作的，我也希望当时能有个同事跟我们一起处理这些问题。在回顾中，我共情了这位妈妈的感受，她失去了跟女儿的亲密，还赞扬了她。尽管她对结果很是焦虑，但还是恪守承诺带女儿来接受治疗。我认为我们有必要做出妥协，我建议我们朝着结案的方向努力，因为这个小女孩现在每天都去幼儿园。我们都同意留出点时间来做最后的告别，所以这部分工作的结局比我担心的情况要好。对她女儿来说，看到我和她妈妈一起工作十分重要，因为我想她已经感受到了我们之间的张力，这个张力让她对来我这里接受治疗感到焦虑和不确定。

如果治疗师担心儿童心理治疗或者父母会谈中表现出来的养育的某些方面会给患者带来伤害，不管是情绪上、身体上还是性方面的，就可能会出现更严重的冲突。如果他们发生在私人执业的工作中，我没有团队的支持帮助我理清来龙去脉，或者我没有在公共服务中感受到那种权威感，就可能会带来更大的挑战性。然而我发现，当我可以坦率地表达我的这些担忧，且父母也承认了改变的需要时，所有人都会在那时松一口气，因为这些忧心的问题能摆到台面上来讨论，且能得到解决。

> 我记得曾经和一个17岁的女孩工作，她接受了很长一段时间的治疗，并取得了稳固的进展，但之后她开始变得易怒、孤僻，甚至不再学习。最后她告诉我，她爸爸最近因为失业而正在酗酒，这引发了她父母之间的激烈争吵，以及爸爸对她和妹妹的暴怒。我跟我的患者解释，我想见见她的父母，跟他们说说我的担忧。她带着一丝解脱同意了我的提议，因为她越来越焦虑，不确定该做什么，所以我并不觉得我打破了我跟她的保密协议。幸运的是，我和父母的关系足够稳固，因为我认识他们好几年了，他们承认这些都是真的，他们家的确经历了一段艰难时光，但现在已经在着手解决这些问题了，他们会努力不让危机蔓延到整个家庭。

在跟年幼、脆弱的孩子工作时，如果父母本身有严重的情绪问题，不愿意承认他们对孩子的忽视或伤害，就会很有挑战性。儿童心理治疗师在社区提供亲子心理治疗或者为有风险的儿童进行治疗时，可能时常会面临这种情况。当时他们接手了一项艰巨的任务，在继续为孩子提供心理治疗的同时，还要负责监测孩子的健康状况。他们将自己看作为孩子服务的团队中的一部分，而不是独自承担责任，这可以让跟孩子直接接触的个体治疗师压力小一点。管理者和团队的支持也有助于实现对父母的担忧（他们也很脆弱）和孩子的健康之间的平衡。当身边有专业人士一起照顾整个家庭的需要，他们就可以共同承担管理风险的责任，那么这个艰巨的任务就变得更好管理了。这种团队工作的价值我会在下一章进一步阐述。

在住院环境下和父母的治疗工作

我过去在卡塞尔医院的家庭服务中心工作，经常发现跟十几岁的年轻妈妈和她们风险重重的孩子工作尤其费力（Dowling，2009）。对年轻妈妈及她们的孩子的焦虑和担忧，常常让我怀疑自己的判断力。在这些情况下，年轻父母有种强烈的被评判和被监视的感觉，但如果他们决意要继续抚养孩子，并且认识到之前照顾上的失败之处，就仍然有可能维持治疗同盟。我发现，当我清楚地告诉这些年轻父母我关心的点，以及她们需要在照顾孩子方面加以改变的地方时，她们会感觉如释重负。作为儿童心理治疗师，我们不习惯如此直接，甚至跟父母面质，但有些时候，把这些父母对孩子的矛盾感受，以及这些感受可能造成的伤害指出来，也是必要而且有帮助的。

在卡塞尔医院时，我就“工作中跟父母公开对话的价值”这个点写过一篇文章（Dowling，2009）。在卡塞尔医院，法庭出于对孩子照护的考虑，会要求前来治疗的孩子的家庭接受评估。在评估会谈以及随后的回顾会谈中，儿童心理治疗师以及团队其他成员出具的详尽临床报告会被拿出来跟家长讨论，并征求他们的意见。这些困难的会谈是由经验丰富的儿童精神科医生主持，他们有能力处理专业团队提出的复杂问题，以及家长心烦意乱的情绪反应。这种对家庭困境的详尽探索，常常能带来改变，因为医生清晰地陈述了对孩子的担忧及其给父母带来的影响，且父母很清楚为了孩子得到妥善安置，他们必须做出承诺。

现在我作为一名私人执业的儿童心理治疗师，没有资源来处理如此复杂的家庭情况或这种程度的担忧，所以我在评估阶段会比较谨慎，如果情况太复杂，就不接受转介。在我的治疗工作中，如果我担心孩子有危险，我会告诉父母，我需要跟那些和孩子及家庭密切相关的人员紧密联系：全科医生、学校，可能还有家长的心理健康工作者，或者社工（如果他们参与了），这样他们就能知道我的担忧，会监测孩子的发展和健康状况。

从家庭走向社区

心理治疗的中心主题是，在治疗中看到孩子的内在世界与社区生活之间的动力。作为儿童心理治疗师，我们必须寻求焦点上的平衡，一边是在咨询室里与孩子的治疗关系，一边是向外看，思考由外部世界所引发议题的价值。随着孩子的社交网络扩大到了家庭之外、学校、朋友，以及家庭所在的社会、文化及宗教社区，理解青少年的环境就变得更加重要。我经常会向家长询问孩子的学校报告，因为这可以提供一个独立的视角来了解孩子在学业和友谊方面的进展情况。了解孩子在学校是否因为“与众不同”而遭受歧视非常关键，因为这些关系通常会充满张力。同样，如果青少年需要应对性别或残疾的问题，当他们的社交生活开始走到家庭之外时，去了解这些问题在家庭之外以及更广泛的社区中被如何看待，就变得更加重要了。

就像我前面提到的，如今线上的虚拟社区就像外面的物理世界一样，可能是青少年世界的一部分。意识到虚拟社区在青年人社交生活中的核心作用后，摆在父母面前的艰巨任务是帮助他们为这种接触建立适当的边界。对父母来说，和青少年就边界的磋商是一个艰难的平衡，他们可能会需要支持，以免网络问题成为家庭冲突和青少年叛逆的焦点。

对孤独的孩子而言，在社区中逐渐建立联系可以帮他们找到新的朋友，形成自我价值感。当时机成熟，与父母一起工作的心理治疗师可以帮助他们去思考怎样鼓励孩子迈出社交生活的第一步。童子军、足球俱乐部或者过夜派对，都可以是一个激动人心的成长关键点。在心理治疗中，当做出转变和建立新关系时，父母帮助孩子克服焦虑、不情愿和兴奋等情绪，能推动孩子取得这一进步。

安排父母和接受治疗的孩子的联合会谈

在心理治疗的后期，通常可能出现这样的时刻，安排一次年轻人跟父母的联合会谈，探索有争议的话题，以避免家庭中发生冲突，这非常管用。冲突可能是关于互联网、家庭作业或者家庭责任方面的。如果有一个家长工作人员，那么开展一次这样的联合会谈是大有裨益的。这样，孩子的心理治疗师就可以退居二线，尽可能少地干预治疗工作。有时候，也可以把兄弟姐妹也纳入这样的会谈中。

我记得有一次，两个十几岁的女孩把她们的妈妈逼得忍无可忍，其中一个女孩正在我这里接受治疗。她们指望妈妈在保持全职工作的同时，还要单独打理家务，包括自己的衣物、杯子和盘子全部留给她收拾。在女儿的某次会谈后，妈妈告诉我她很绝望。我和我的患者讨论了这个问题，她同意我安排一次妈妈和她们姐妹一起参与的联合会谈，这样就能协商这些议题。两个女孩都认可了她们在家里会承担的任务，同时也同意了彼此之间的非暴力沟通原则，因为她们争争吵吵也是另一个让妈妈恼火的原因。最后，这次会谈减少了家里的争吵，也让我和她孩子的个体治疗工作能够在压力较小的环境中继续下去。

这些可能打断每周进行的心理治疗工作，需要审慎考量，因为这些可能会对治疗产生干扰。这样做获得的益处必须大过代价，而且必须考虑时机，并在下一次休假之前能跟青少年就这些话题展开充足的讨论。

参考文献

Dowling，D.（2008）Poison glue：The child’s experience of Munchhausen syndrome by proxy. *Journal of Child Psychotherapy* 24（2）：307–326.

Dowling，D.（2009）Thinking aloud：A child psychotherapist assessing families for court.

In A. Horne & M. Lanyado（eds）*Through Assessment to Consultation: Independent Psychoanalytic Approaches with Children and Adolescents*，pp. 26–43. London：Routledge.

Fraiberg，S.，Adelson，E. & Shapiro，V.（1975）. Ghosts in the nursery：A psychoanalytic approach to the problem of impaired infant–mother relationships. In L. Fraiberg（ed）*Selected Writings of Selma Fraiberg*，pp. 100–136. Columbus，OH：Ohio State University Press，1987.

George，C.，Kaplan，N. & Main，M.（1985）The adult attachment interview. Unpublished manuscript. University of California at Berkeley.

Main，M.，Kaplan，N. & Cassidy，J.（1985）Security in infancy，childhood，and adulthood：A move to the level of representation. *Monographs of the Society for Research in Child Development* 50（1–2）：66–104.

第 7 章
团队工作的乐趣与挑战

团队合作的挑战，是创设一个支持治疗工作以及治疗团队的工作环境，同时还能对新的想法和变化抱以开放的态度。无论在 NHS 还是在志愿部门工作，很多儿童心理治疗师都会加入一个多学科团队。其他人可能是私人执业，但也是围绕儿童和家庭治疗工作的专业团队的一部分。不管团队背景如何，了解那些协同工作人员之间的动力，了解治疗介入对受困扰儿童和家庭的影响，都是很有用的。

要想理解我们对于团队环境的反应，可以借助精神分析的视角对团队合作中无意识过程的识别，以及借助精神分析的视角来理解无意识过程如何影响了我们治疗的家庭动力。伊莎贝尔·孟席斯·莱思（Isabel Menzies Lyth）在她那篇著名的文章《社交系统的运作：防御焦虑》（*The Functioning of Social Systems as a Defence Against Anxiety*）中讨论了个人和机构是如何发展出来防御，以保护自己免受这份工作的痛苦和焦虑的（Lyth，1959）。她观察了一个儿科病房是如何建立起轮班制度的，以防护士被分去照顾特定的孩子。同时，这还让她们无法跟生病的儿童之间建立起亲密的关系，很难了解到他们经受的痛苦。这些措施起到了反效果，反而削弱了护士照顾儿童的能力。她建议应该改变轮班制度，让每个孩子都有专门的护士，且机构应该组织反思性会议，公开讨论这些潜在的焦虑，这将有助于员工团队处理工作中的痛苦感受。当然，她的建议跟我们作为儿童心理治疗师的工作息息相关。我们也有必要密切关注自己因工作情绪压力而产生的防御机制，关注治疗团队能否容纳和给予员工空间去反思其工作的重要性。

当我们加入团队时，我们会带入自己的个人和职业经历，这塑造了我们对工作团队的期望和反应。这个团队也会拥有自己的历史，就像一个家庭，团队总是处于变化之中，但它的文化往往在这些变化中保持不变。我们在团队中的互动，以及我们作为儿童心理治疗师的方法，都将受到这些因素的影响。在本章我将会从四个不同的角度来看待一个儿童心理治疗师在团队中的经历：作为多学科团队中的新成员、处理复杂个案、应对风险，以及团队中的反思过程。

多学科团队

一个儿童心理健康多学科团队应包含心理学家、社会工作者、护士、精神病学家、家庭治疗师以及儿童心理治疗师，各自将他们的专业特长带进团队中，他们共同关注孩子的生理、社会和心理需求，评估这些需求，并为其提供治疗。儿童心理治疗师会单独完成或者合作开展一系列工作，包括评估、父母会谈、亲子心理治疗，以及短程或长程的儿童与青少年心理治疗。

在一个多学科团队中，专业方法和思想体系的差异会带来创造性的张力，但当团队无法达成一致的时候，团队可能也会分裂。跨学科团队中潜在的竞争在其他学科中也同样存在。一位名叫詹姆斯·赫布斯勒布（James Herbsleb）的软件研究教授，讽刺地把这种现象总结为跨学科鄙视的普遍原则（Herbsleb，1996）。有大量关于多学科团队动力的文献，最近由艾莉森·瓦斯普（Alison Vaspe）编辑的《精神分析、NHS 和今天的精神卫生工作》（*Psychoanalysis, NHS, and Mental Health Work Today*）一书中探讨了 NHS 中精神卫生团队正在面临的一系列问题。

艾里斯·吉布斯（Iris Gibbs，2009）指出，多学科团队合作的可能性在于，可以提供不同文化和生活经验视角的环境。心理治疗师跟来自不同文化和种族的青少年一起工作，可以征求其他人的专业见解，做最适合家庭评估和制定的干预措施。但这也可能是一个充满挑战的环境，在任何团队环境中，都会有资源的竞争、临床处理意见的分歧，以及对管理层提出的解决方案的不同见解。所有这些都会影响到团队的关系，如果团队想要运作良好，这些问题就需要纳入考虑。

加入团队

我做了多年的儿童心理治疗师和管理者，但我仍然记得我第一次作为实习生负责 CAMHS 团队中的一个新岗位时的忐忑心情。我是他们团队的第一个心理治疗师，这个多学科团队中的一些人非常不愿意为儿童精神分析心理治疗师腾挪空间，专门让他 / 她给某些“被选中”的孩子提供治疗，治疗时间漫长且密集，这和他们提供的有时间限制的、解决问题的方法是截然不同的。我感觉到相当孤独，因为我来自一个忙碌且紧密的社工团队，但慢慢地我在这个完全不同的环境中建立了良好的工作关系。我开始意识到，对这个团队来说，接纳一个用精神分析方法的新成员是一个多么了不起的调整。

在一个新的工作环境中，找到自己的位置是需要时间的。在目前的许多 CAMHS 团队中，资源是相当有限的，儿童心理治疗师没有自己单独的办公桌或固定的房间用来给孩子做心理治疗。一个实习儿童心理治疗师加入团队时，会让人感觉技术还不够纯熟，而且还有可能把之前在工作中获得的专业知识和经验抛之脑后。但是一个新成员会带来新的眼光，经常能看到团队中其他人认为理所当然的问题，看到团队中的张力在哪里，看到成员之间有多少情感分享和支持，以及可以改进的现实问题。问题是这些想法和感受要带到哪里去呢？这里就需要一个反思的空间去探索这些问题。

涵容性环境的重要性

在温尼科特（Winnicott，1984）的工作中，他认为在养育孩子和治疗工作中有个一致的主题，即都需要一个有弹性的环境。他认为，孩子的症状越有挑战性，就越需要一个健全的环境。他提出，被剥夺和反社会的孩子需要表达他们的仇恨，而这种愤怒会在专业人士中蔓延，影响到所有参与照顾这些孩子的人。正如孟席斯·莱思讨论过的，这个团队的关键作用就是提供一个容器，来帮助管理这些困难的感受。如果工作环境让人感觉到没有弹性，那么想要保持深思熟虑就会困难得多。在我的经验里，一名儿童心理治疗师的安全感，来自长期以来在团队中建立起来的支持关系、有效的督导系统、清晰的儿童保护程序（以确保做出恰当的反应），以及管理层在风险管控中提供的支持。

弹性环境的另一个支持因素是维持恰当的工作量。当我们的专业能力被过度使用，那么日常工作就会成为负担。脆弱的孩子和他们的父母还要依赖我们的支持，他们异常警觉，如果我们处于压力之下，他们会感受到我们的焦虑，工作就会变得更有挑战性。

布里顿（Britton）认为：

> 对抗焦虑的原始防御机制用得越多，每一次的专业接触就越有可能屈服于这些防御机制并见诸行动……重演无意识的情境。（Britton，1995：52）

如果我们的个案中有太多棘手的来访者，那我们为他们的福祉考虑的能力可能会被每次治疗后涌入心中的不安情绪所削弱。这样一来，如果出现危机，我们就可能会不假思索地做出反应，而不是三思而后行。

复杂个案带来的复杂动力

在儿童心理治疗师的日常工作中，另一个可能引发多学科团队或者专业系统内冲突的因素是，围绕情绪化的复杂个案引发的困难动力，尤其是涉及那些危机中的孩子。专业人士之间的张力往往能反映出处于工作核心的家庭张力，但只有当所有人坐下来讨论彼此的分歧时，才会意识到这种紧张关系。

通常情况下，专业人士会认同自己的来访者，从他们的立场看待问题，经常为他们辩护。这就是我和一个难相处的男学生一起工作时遇到的情况，同时一起工作的还有老师以及跟家长工作的人士。

> 这个小男孩在家和学校里都不停地捣乱，制造麻烦。作为他的心理治疗师，我感觉有点信心不足，因为他高度防御，很难深入，治疗工作进展缓慢，而他的行为并没有改善。学校会定期给父母发邮件，告知孩子的不端行为，父母又把邮件转给了我，他们感觉自己受到了批评，也很无能为力。这个个案中的父母工作者，是一个跟我很熟的同事，也希望我的参与能及时帮助这个问题男孩。我们和家长、学校老师一起召开了一次联合会谈，在会谈中，我向他们解释了我刚开始了解到的关于他们儿子不开心的一些情况。我的同事支持这对父母，认可他们的沮丧情绪，但同时也提出了一些建议，帮助他们在孩子痛苦的时候仔细聆听，因为这可能会减少他的不当行为。她还重申，他们要尝试对孩子的要求保持坚定但是理解的态度。我给学校校长写信描述了我的工作，并希望治疗能够帮助这个孩子逐渐学会更好地管理自己的情绪，这样他就不会在课堂上那么难以管理了。

直到我们坐下来一起去思考，才发现围绕孩子行为的“指责”在我们所有人之间传递。作为孩子的治疗师，我对父母和老师不满，他们一点都不理解他有多抑郁，也不理解他在学校的每一天过得有多挣扎。班主任对于父母没给孩子设定足够明确的界限持批评态度，而家长感觉每个人都在批评他们的教育方式，没人看到孩子在家里有多么苛刻和难以相处。成年人之间的张力反映了孩子内心的愤怒、焦虑和冲突。如果我们没去讨论这些，也没意识到它们可以被很好地管理，张力就可能会升级。没有这种公开的交流，不信任感可能就会在参与其中的成年人心里与日俱增。这个小男孩可能会因为对其他孩子的攻击行为被开除，父母会感觉更绝望，这也会让我作为治疗师的工作雪上加霜。

如果这些差异可以拿出来讨论，焦虑就能得到缓解。团队中的多元观点可以为临床工作拓展深度和广度，而这靠一个人单打独斗是不太可能实现的。孩子的情绪问题通常是许多因素交互作用的结果，所以这种更广泛的观点让我们有可能看清楚，孩子存在多维层面的困难。在这个大型的专业人员会议上，最关键的信息往往由那些最了解孩子的人提供，比如养父母、家庭支持工作者或者助教老师。这些人可能不会直接说出来，因为他们的专业地位最低，并且在这个专业的环境中可能会对自己要说的没有信心。让他们的声音可以被听到非常重要，否则拼图的重要部分就会丢失。儿童心理治疗师对这些不同视角的倾听，可以更好地理解孩子在日常生活中的视角和挣扎，从而为孩子谋取利益。

保密问题

与治疗网络密切合作会让儿童心理治疗师陷入困境，毕竟他们承诺了要为孩子们保密。我所做的妥协是，告诉所有参与的人，包括治疗的孩子，我将分享会谈中的一些主题，但不会分享治疗中的具体内容，并尽可能向我的患者反馈。在实践中，这意味着要给所有的参与者做细致的总结。理想情况下，我也会从接受治疗的孩子那里得到一些帮助。对于青少年来说，通常让他们参与跟父母、社工或者护理人员的会谈会很有帮助，但是如果他们的生活仍身处困境，也许他们不会愿意参加。

相比私人执业，心理治疗师作为临床团队或者治疗设置中的一员，考虑在团队中保守秘密会更有帮助，而且家庭也会认为诊所或者机构整体会恪守承诺。父母们在治疗伊始就被告知，为了提供更好的服务，治疗的细节通常会在跟督导和同行的临床讨论中分享。

为心理健康信托（Mental Health Trust）撰写简洁而翔实的记录，共享在线记录，是新手儿童心理治疗师的另一个学习路径。父母可以看到孩子的记录，只要不对孩子构成风险，所以儿童心理治疗师需要用尊重父母的视角来撰写记录，保护跟孩子的持续工作。

管理风险

如果你为你的青少年患者或家庭的风险水平而焦虑，那么身边有团队在支持的感觉就格外重要。我们跟同事建立了非正式的支持系统，但我们还需要正式的督导和管理系统。在这个系统中，关于风险决策的临床责任有明确的界定。当关系到孩子的福祉时，儿童心理治疗师需要求助于有经验的儿童护理工作者，他们有时间把问题讨论清楚，理清程序。一位资深的同行可以帮助治疗师提供有爱而又稳定的治疗，确保青少年不会受到伤害。

我们并不总是能轻易识别风险。如果发生了令人揪心的危险行为，比如，青少年企图自杀或者幼童虐待，那么应对措施是很明确的，可以请上级专业人士来评估需要什么样的投入。而当儿童心理治疗师每周都要面对一种让人担忧的情境，但又未曾达到危机水平，应对方法就没那么直接了。比如一个孩子在治疗中看起来脏兮兮的，无人照顾，或者青少年在治疗中表现出持续的低水平的痛苦或自残。

把这些问题呈现给督导，可以帮助儿童心理治疗师明确问题的严重程度，并制定应对措施。通常有一些政策指导要求治疗师填写一些在线表格，登记自己遇到的问题。这是提醒专业团队的必要措施，但本身并不是解决方案。仅仅通过在风险表格上打钩就能捕捉到风险级别，是一件很难的事。儿童心理治疗师在治疗结束后，可能会有一种不可名状的深深的焦虑感、第六感或者直觉。这很可能是一种反移情的感受，青少年无法对此诉诸言语，但又是一种非常强烈的非言语交流。和督导详细讨论近期的会谈，以及青少年患者的生活事件，可以帮助确定他们痛苦背后的问题，因为分享问题会带来更好的判断力。儿童治疗师把焦虑独自扛下来是存在危险性的，最终他们可能会把这些焦虑带回家，但问题仍然没有解决。

面对风险问题，我们会展现出作为员工和团队的防御。在压力之下，我们会在情感上变得隔离，以保护自己免受太多的焦虑与痛苦，或者匆忙付诸行动来缓解我们的焦虑。我们很难一直在线去思考痛苦或复杂的感觉，特别是如果我们的患者也否认这种痛苦。我记得曾经有一次，有位年轻人漫不经心地说他有时候会想自杀，而我不太愿意报告这个部分。他不想让我把这件事公开，因为他担心他的父母会反应过度，而我也同样感到焦虑，不想在某方面被视为反应过度。在和同事们讨论这个问题时，我意识到我被他的否认和对自己的不关心所困扰，除非我采取行动，否则这种情况可能会恶化。我向他解释我会把我的担忧告诉他的父母和全科医生。事实上，当我认真地对待他的问题，帮助他意识到他需要帮助时，他也能够向父母坦承自己深深的不快乐。

如果一个团队被太多的压力和情绪包围，相似类型的防御反应就会在团队里产生。这个团队可能会发展出某种程度的隔离，抑或是变得僵化，导致我们对所工作的家庭面临的风险和需求水平没有充分的认识。对于与日俱增的工作压力的另一个反应是过度承担，一种“我们能搞定所有事情”的万能态度，以及拒不承认一些员工已经因为棘手的事情而情绪过载，无法有效工作。如果团队有定期的团队会议，他们就有机会一起评估压力水平，以及压力对他们自身及其工作的影响。

反思性团队

如果团队稳定，它可以通过合作的方法运行良好，但如果失去了一个受欢迎且有经验的管理者或员工，现实的变化或者资源的削减，团队的士气和思考力都会随之变差。定期的反思性团体会议可以是一个开诚布公讨论团体生活、压力得到识别和理解的地方。不幸的是，当工作压力很大时，这种会议就会被取消，或者聚焦于现实问题上，而员工面临的压力会被忽略。如果有时间去反思工作过程，团队彼此能够充分信任，开诚布公地深谈，就会清楚地发现防御的出现和分裂的发展往往是沿着团队内部和专业团体之间熟悉的路径。思考这些动力可以帮助团队管理可能出现的紧张关系。

汤姆·梅因（Tom Main，1989）提出的探究文化的思想在这里也很有启发性。1946 年至 1976 年，作为精神分析学家的他在卡塞尔医院担任院长。他认为，文化探究是在住院精神患者当中发展起来的治疗性社区的关键因素。我们鼓励工作人员和患者保持好奇，探索工作生活的方方面面，以便理解那些影响他们情感生活、人际生活和社会群体地位的无意识过程。在一系列的会议和个体心理治疗会谈中，我们会讨论到社区生活的不同方面。虽然这种方法是在住院服务中心发展起来的，但我认为，它对于更广泛地思考团队生活也是一个颇有裨益的概念。它教会了我去仔细聆听工作人员是如何谈论自己的患者，以及他们都说了一些什么。

> 在一次交接会上，我听到一个家庭护士很悲伤地说起一位新手妈妈给孩子洗澡时重复出现的焦虑和粗暴，以及孩子的痛苦。我是这位妈妈的亲子心

理治疗师，我意识到她的心理健康状况正在恶化，她需要额外的支持来照顾孩子。从这位护士的悲伤中，我感受到这位母亲对自己的精神状态很苦恼，她为自己对孩子表现出的攻击行为深感内疚。我还意识到，因为我大部分时间都待在治疗室里，我忽视了和护士的讨论，所以我错过了那些非正式地了解她和我们共同患者相处情况的机会。

工作关系在任何工作环境中都是至关重要的。如果在团队中，鼓励成员保持好奇心，并在反思性会议上讨论彼此的关系，就能识别这些鸿沟或者冲突，进行进一步的思考。在卡塞尔医院，与家庭工作的团队会定期参加护士 – 治疗师的督导，由一名高级护士和治疗师带领。在这里，儿童心理治疗师、成人心理治疗师，以及护士共同讨论、分享与家庭工作的经验，以及与家庭工作的进展是否顺利。一起来思考这个过程，总是能让我们对于在团队关系中反映出来的家庭困扰有更深的理解。这里也会经常出现“分裂”，小组的一个成员受到家庭的青睐，而另一位被拒绝或者派不上用场。这种被疏远的工作人员，带着浓重的失败感和无能感，这跟父母的感受如出一辙。一旦认识到这个过程，团队内部的动力就会重新得到平衡，他们就得以以一种更平衡的方式重新开始与家庭工作。莉迪娅·蒂施勒（Lydia Tischler）是卡塞尔医院的一名儿童心理治疗顾问，她在“护士、治疗师督导”（Tischler，1987）章节中写过这种方法。

类似的分裂模式在很多治疗环境中都会发生。我曾看到，在专业团队中，针对青少年的治疗工作是如何引发冲突的。一些人对青少年的过激行为更宽容，而另一些人则更挑剔，认为青少年就应该为自己的行为承担更多的责任。这两种情绪反应都有一定的道理，但是这种相互矛盾的立场在团队中很难维持，因为这会带来太多的质疑和不确定。但是，只有同时考虑到分裂的“好处和坏处”，才能对青少年的治疗做出现实的决定。

对专业人士来说，公开谈论自己的感受，“舒适地”表达异议，需要信任的关系，而这需要时间来建立。当团队成员感觉到被一个很好的管理结构所支持，这种信任就会来得更加容易。在危机时刻，或者在态度开始两极分化严重时，团队就会感觉自己的资源不够用。那么一个外部专业顾问的参与就很有帮助了，他可以帮助团队来理解，为什么在这个特定的时刻，他们很难在一起有效地工作。

独立工作

在本章中，我主要讨论了作为团队中一员的工作经验。然而在最后，我想要简短讨论一下那些在学校或社区中独立工作的儿童心理治疗师，他们必须建立自己的团队，由支持他们的同事组成，这些人可以分享观点和担忧，也能看到心理治疗的贡献。儿童和家庭工作的复杂性以及所涉及的风险水平，使得独立工作特别困难。自从我开始独立执业，我就加入了当地同行的队伍，所以我现在是当地私人从业者团队的一员，我接受临床督导，在个体督导以及同辈小组中，都会回顾我的工作。随着时间的推移，这个小组已经成为当地儿童专业工作网络中的一部分，已经跟当地学校、儿童中心、本地 CAMHS 都联系在了一起。我们现在感觉治疗工作融入了社区，在实践中也感受到了很好的支持。

结论

加布丽埃勒·克罗卡特（Gabrielle Crockatt）在《多学科团队》（*The Multidisciplinary Team*）论文中强调了多专业的方法对于面向家庭的心理健康工作的重要性，因为家庭的需求复杂而广泛。她引用了扎里娜·库尔茨（Zarina Kurtz）博士收集的证据来支撑这一观点（Kurtz et al.，1996）。加布丽埃勒·克罗卡特认识到，专业人士在一起工作很困难，她建议我们要培养有效合作的能力。我在本章中讨论的一些想法可能会让这种多专业的方法更有效。

参考文献

Britton, M.（1995）Re-enactment as an unwitting professional response to family dynamics. In M. Bower（ed）*Using Psychoanalytic Ideas for Child and Family Social Work*, pp. 49–59. London：Routledge.

Crockatt, G.（2009）The child psychotherapist in the multidisciplinary team. In M. Lanyado & A. Horne（eds）*The Handbook of Child and Adolescent Psychotherapy*, pp. 101–113. London：Routledge.Mapping the territory

Gibbs, I.（2009）Reflections on race and culture in therapeutic consultation and assessment. In A. Horne & M. Lanyado（eds）*Through Assessment to Consultation*, pp. 93–102. London：Routledge.

Herbsleb, J.（1996）A sytematic surveyof CMM experience and results. In H.D. Rombach（ed）*Proceedings of the 18th International Conference on Software Engineering*, pp. 323–330. Washington, DC：IEEE Computer Society.

Kurtz, Z., Thornes, R. & Wolkind, S.（1996）*Treating Children Well: A Guide to Using the Evidence Base in Commissioning and Managing Services of the Mental Health of Children and Young People*. London：Mental Health Foundation.

Main, T.F.（1989）*The Ailment and Other Psychoanalytic Essays*. London：Free Association Books.

Menzies Lyth, I.（1959）The functioning of social systems as a defence against anxiety. In I. Menzies Lyth（ed）*Containing Anxiety in Institutions: Selected Essays*, pp. 95–121. London：Free Association Books, 1988.

Tischler, L.（1987）Nurse–therapist supervision. In R. Kennedy, A. Heymans & L. Tischler（eds）*The Family as In-patient*, pp. 95–107. London：Free Association Books.

Vaspe, A.（ed）（2017）*Psychoanalysis, NHS, and Mental Health Work Today*. London：Karnac.

Winnicott, D.W.（1984）*Deprivation and Delinquency*. London and New York：Tavistock.

An Independent Practitioner's Introduction to Child and Adolescent Psychotherapy

第二部分

困难时刻：儿童青少年心理治疗的挑战

第8章
直面绝望、质疑、愤怒，并寻找希望

佛教禅宗一行禅师（Thich Nhat Hanh）在《活在此时此刻》（*At Home In World*）一书中讲到，当他还是越南的一个小男孩时，他是如何想要从一个装满水的深陶桶里捞出一片色彩斑斓的美丽叶子。他用棍子在水里搅了20多次，但都没有成功，于是他懊恼地把棍子扔了。过了几分钟，当他再回来时，那片叶子漂浮在了水面上，他轻而易举地就拿到了。禅师用这个故事阐释了他相信无意识的价值，它可以解决我们意识思维层面无法自行解决的问题。

在心理治疗中，患者和治疗师之间的很多理解都源自无意识思维，以及在深层次互动中产生的想法和感受。我的经验是，如果想要改变的意愿足够强烈，就会产生一个促成心灵康复的内部疗愈过程。对孩子来说，我们还可以加上发展与成长的动力，并且要知道这不是一个简单直接的过程，因为我们所有人身上也同时存在着一种阻力。我们人类有一种与生俱来的爱与被爱的需求，跟他人和世界建立联系，在退缩或疏离的年轻人身上，我们得去寻找这种需求。

当我第一次想到要写这一章时，我想到了那些患者在治疗中极度困难的岁月，改变似乎很难达成。现在我写下这些，我也意识到了那些治疗师在工作中感到愤怒和绝望的时刻。在本章中，我会尝试理解治疗的这些方面。有些时候，我们的患者似乎已经失去了希望，陷入到重复的模式当中，或者自我毁灭式地毁掉已经取得的进展。我们也可能在治疗工作中失去方向，怀疑自己帮助患者的能力。那么在治疗中，希望会如何抵达呢？通常这个过程会令人意想不到，有时也可能很有挑战性，因为患者可能会抗拒进步，害怕改变的可能性。

失去希望

我们见到的许多问题儿童和青少年都存在着长期的情绪问题，这些问题跟他们家庭遇到问题的时期不可分割地交织在一起。他们常常会感觉问题无从解决，这反映了家庭中长期存在的绝望感。他们可能会因为年幼无知而无法理解家里那些让他们痛苦的麻烦事，但当这些记忆在会谈中浮出水面，一种绝望感就会笼罩整个治疗过程。他们不指望治疗能够解决任何问题，有时可能不想参与会谈，或者可能会退缩并对任何解释都心怀抵触。

一次又一次的会谈中面对年轻人的绝望和愤怒，可能会削弱治疗师的信心，即使我们知道，只有去触碰这些情绪才有可能理解他们的孤独和迷茫，找到清晰明确的原因。如果这种情况持续数周，时间感觉在流逝，这让人感觉沉重，似乎他们就错过了生命中的重要几年。我曾见过两个前来治疗的青少年，都有严重的抑郁、愤怒和孤独感，他们的治疗似乎经常陷入这样的僵局。

这两个年轻人都从外部世界逃回了家庭，而家庭既是避风港，又是受迫害之地。他们很难交到朋友，又跟同龄人失去了联系。尽管他们聪明伶俐、口齿清晰，还是错过了上学的机会。他俩被青春期吓坏了，因为他们觉得跟同龄的正常年轻人之间隔着一道鸿沟。他们尝试通过心理治疗摆脱这种状态。这些青少年有着不同的诊断：阿斯伯格综合征、社交焦虑、抑郁，但有一个共同因素，就是他们的父母担心孩子无法康复。

这些父母有抑郁和创伤的家族史，这让他们对自己孩子能否健康快乐产生了潜在的悲观情绪。孩子们似乎无意识认同了父母对于自己未来的焦虑，这又加剧了他们自身对于成长的恐惧。治疗提供了一个空间，远离家庭的投射，在这里能探索这些议题，所以青少年可以找到自己的自我感、目标感，跟家庭中感受到的身份认同区分开来。这些父母迫切地希望自己的孩子能过上跟自己截然不同的人生，不再和自己一样匮乏，并决意为他们寻求帮助。

面对这些青少年长期的苦恼，我感觉不知所措，但我必须努力让思维活跃，并对未来保持希望。关于哈利波特的故事中摄魂怪的形象让我印象深刻，任何被这个黑暗可怕的人物抓住的人，都会被他们吸走生命和灵魂。在这些角色中，J.K. 罗琳（Rowling，1999）把被抑郁症压垮的人们的绝望刻画得栩栩如生。我想我的困顿感在一定程度上是对这一绝望的回应，但也跟我无法形成一个合乎逻辑的诊断，以及不确定如何去实施干预有关。当我着手查找文献并思考他们的临床资料时，我开始将他们的长期状态视为向绝望黑洞的退缩，就像弗朗西斯 · 塔斯廷（Francis Tustin，1972）对自闭症退缩的描述。她认为这是跟母亲的创伤性分离后的哀伤反应。我想这些青少年也会担心变得独立，感觉像一种创伤性破裂，而不是一种向个性化和自由的渐进、有意义的转变。

不管是历史原因还是发展困难造就了他们如今的危机，这些青少年都觉得自己受到了伤害，变得与众不同，无法像其他青少年一样。他们感到和正常生活格格不入。就像一个青少年说的："我很怪，永远都是。"青春期给他们提供了一个机会，来发现自己的身份认同和父母在自己身上的投射是分开的，但在他们脆弱时去应对分离、攻击和性方面的挑战，就会感受到巨大的风险。当他们还在为被偷走的童年而悲伤和委屈之时，就会为采取下一步行动而产生矛盾。我的治疗任务似乎是允许这种悲伤，但也会去质疑他们以牺牲日常生活为代价的近乎反常地享受这种绝望，就像下面要讨论的安娜一样。

安娜是一个 16 岁的年轻女孩，周身笼罩着痛苦和绝望的气息。我第一次见到她的时候，她又瘦又憔悴，似乎是连拖带拽地把自己拉进了治疗室。安娜告诉我，她认为自己生活在一个受迫害的世界里，并为此感到极其恐惧。她头脑中时刻充斥着毒害他人的想法或自杀的幻想，这让她害怕极了。和其他的年轻女性不同，她感到被隔离。她想克服这些恐惧，而且在稍微平静的时候，她知道自己聪明、善于表达，还有一个支持她的家庭，如果她遇到了困难，家庭会想方设法帮助她恢复。

安娜父亲的家庭饱受贫穷和失业之苦，而家里的这些男人又酗酒成性。尽管现在父亲平静了许多，拥有一份实验室技术员的稳定工作，也不再酗酒了，但安娜对于幼年时期父亲的暴怒记忆犹新，这让她担惊受怕。安娜的母亲是个安静而焦虑的女人，做着一份助教的工作。她很孤僻，害怕家庭冲突，不知道如何跟尖酸刻薄的女儿相处。

几个月来，安娜在心理治疗中挣扎着寻找机会谈论她的可怕想法。她把自己描述成一个可怕的女巫，一个饥饿瘦削的身影，或是一个街头无家可归的小女孩。渐渐地，我们看到了这些恐怖的景象背后的感受——令她既兴奋又害怕的愤怒，以及她固执地拒绝让亲近的人在情感上滋养自己。晚上，她在笔记本电脑上看了无数恐怖电影，这些电影给她可怕的幻想生活提供了素材。还有一些与哥哥托德以及妈妈一起温暖互动的时刻，这让她感受到与生活的联结和希望。

最终，安娜开始探索过去。她描述了自己年幼时的感受，觉得缺乏关注、孤独又害怕，既不能生气，也无法寻求关注。这些悲伤的回忆软化了她严苛的自我批评，缓和了她对自己愤怒以及对他人不信任的内疚。她变得更善于反思了。在讨论中，我们开始把她生活经历的这些不同方面，以及它们如何塑造了她对自己和他人的负面印象整合在一起。当我们进行这些对话时，她开始感到更有希望，这帮助她在学校取得了更多成就，并且朝着同伴友谊方面也迈出了试探性的步伐。

对于像安娜这样的青少年来说，治疗关系是一个安全的环境，可以帮助他们面对自己或者家人无法独自应对的焦虑情绪，也给了他们一个尝试与众不同的空间。还有一点对她来说也有帮助，她的父母愿意在父母支持性访谈中思考他们痛苦的过往，并认识到他们的焦虑是如何过度保护了自己的孩子，以及如何质疑了他们成长为健康成年人的能力。

与这些有困扰的青少年工作的另一个方面是，他们对改变的态度非常矛盾，他们可能会在治疗过程中让互动变得拐弯抹角，因此治疗师会感觉到无法提供帮助。这种防御性的行为掩盖了格拉瑟（Glasser，1998）所描述的核心复杂焦虑，即一种既害怕与自己依赖的人过于亲密和融合，又害怕被他们拒绝和抛弃的感受。我提到的另一位青少年彼得，当我在心理治疗中努力想要了解他时，他将我带进了一场惩罚性的对话。

> 14 岁的彼得非常不开心且孤独，但是他不允许自己在治疗中谈论自己的恐惧和冲突。他是如此地害怕亲密，导致他只能在交流中弄巧成拙，一边诋毁我和其他人，一边又告诉我他在绝望中多么孤独。我常常觉得自己没用，为他嘲笑我并和我保持距离而生气。如果我试图描绘他的成就，他会认为我忽视了他的不快乐。一旦我关注他对自己和他人的苛责，他又会觉得这是一种攻击。当我们的会谈轻松而幽默的时候，他会在结尾尖锐地来一句："所以我希望你喜欢这次谈话。"他无法相信自己有能力成长，也不相信我愿意帮助他。他很擅长德语，但当他有机会和一群学生一起去德国时，他拒绝了。似乎向前迈出一步很不安全。
>
> 对彼得来说，治疗是一个非常缓慢的过程。像螃蟹一样，他侧着身子小心翼翼地往前走。随着时间的推移，他开始勇敢地直面自己对别人和自我的攻击，意识到这些是如何掩盖了他对爱与被爱的焦虑。他感受到了我的坚持和关心，慢慢地变得更加开放，开始谈论自己的感受。这让他能够更热情地

回应别人，并且认识到自己既能够去给予，也能发展自己的才能。

从仇恨中存活下来

作为心理治疗师，和这些青少年工作，我们可能会产生强烈的厌恶、绝望和无望感，我们很难处理这些情绪，也很难不去报复。正如安·霍恩在她的论文《来自边缘的短程沟通：跟挑战性的青少年进行心理治疗》（*Brief Communications from the Edge: Psychotherapy with Challenging Adolescents*）中提到的：

> 在反移情中，我们发现自己接触到了基本的原始恐惧、残酷和惩罚性的超我，不成熟的珊瑚礁状的自我，以及旨在否认亲密、依恋、情感和痛苦的防御机制。我们还需要去应对未知——通常会持续很长一段时间——从发展和精神分析的角度去思考，意识到成为“新客体”的机会何时显现，但同时也要意识到患者的固有危险。[Horne，2006（2001）]

我们必须找到一种在仇恨中幸存下来的方法，这些仇恨包括他们的仇恨，以及由他们的破坏性行为引发的我们的仇恨。就像温尼科特说的：

> 无论治疗师多么爱他的患者，他都无法避免地会憎恨和恐惧他们，而且治疗师越了解这一点，他对患者的所作所为就会越少受到仇恨和恐惧的驱使。（Winnicott，1947：195）

我回想起读到这些句子时的如释重负和被认可的感觉，发现对一些青少年患者及其父母的仇恨，在我们的治疗中占有一席之地，是可以被理解的。温尼科特在他的论文《反移情中的憎恨》中所做出的贡献是，通过自己作为治疗师的经验，将憎恨情绪的动力作为其工作的必要组成部分。他讨论了治疗师对严重精神障碍儿童的原始仇恨的反移情、更为常见的母性矛盾心理，以及与较少精神失常患者的工作。他还谈到，失散和被剥夺儿童的寄养照顾者（和治疗师）难以忍受儿童的愤怒，因为一旦孩子们看到了未来的希望，就会测试照顾者的应对能力。

深陷绝望

在心理治疗过程中不可避免地会出现一开始清晰明确的目标变得难以实现，或者在通往理解和改变的曲折旅程中暂时迷失。治疗带着些许希望开始，然后陷入僵局。这发生在小女孩珍妮的咨询中期，我曾经在第 1 章中介绍过她。她的游戏唤起了麻痹、孤立和绝望感，这让我不知如何回应。她固执地不肯多说几句话，这让我心里有种怠惰和冷漠的感觉。我很困惑。她是在传达一种始于婴儿期的抑郁，还是在害怕表达一种无处不在并具有破坏性的愤怒？抑或是两者都有？我将在下面尝试对此进行描述。

> 在会谈的中途，珍妮很少和我说话，但她憔悴、茫然的脸上满是不快，以至于在她离开后的很长一段时间里，我都觉得悲伤和困惑。每个星期，珍妮都卷起袖子，用沙盘里的人偶布置一个场景。她的沙盘风景很详细，但她的故事却毫无进展。她选择了一只小兔子，我认为那代表了她，这只小兔子会出现在每个故事中。她会建造一个小镇，一位母亲和孩子正在等火车，附近有些农场动物，但是什么都没有发生。然后，一对格斗拳手、一只鳄鱼，还有一只大猩猩被她小心翼翼地放在了场景的中心位置。他们很有威胁性，但是却移动不了。我以为珍妮在向我展示她是如何被自己的不幸情绪困扰的。没什么可以改变、发展或成长。

克里斯托弗·波拉斯（Christopher Bollas）在 1987 年提出的“遗忘的已知”（the unthought known）的概念暗示了对这个小女孩的理解。他说在反移情中，患者通过他们的情绪以及跟我们发生关联的方式，让我们了解到他们早期作为婴儿的想法和感受。他称之为“遗忘的已知”，因为它对患者来说是熟悉的、已知的，并且从婴儿期就在塑造他们体验世界的方式。但这些情绪无法用语言交流，因为它们是前语言阶段的感觉状态。如果治疗师能找到和他们交流这种体验的语言，那患者就会发现，原来这些早已为人所知但令人困惑的感觉是可以被识别和理解的。

这些观点让我开始理解了珍妮的经历。我以为她的婴儿期和童年早期是一段凄凉孤独的时光，她感觉自己无法向父母寻求安慰，不知道为何她觉得自己应该为此负责，觉得自己不可爱。当我和她父母会谈时，这些想法貌似有其可信之处，因为她妈妈说，在她女儿出生后的一年里，她患上了产后抑郁症，所以她们之间的感情发展得很缓慢。她回忆说，珍妮小的时候，她总是感觉分离很困难，似乎她很担心失去这种后期形成的依恋。

在珍妮的游戏中，她似乎患上了早期瘫痪性抑郁（paralysing depression）。我试着把这段经历和故事中的人物联系起来，那是一个可以讨论她感受的安全领域。我说小兔子一定很伤心，因为她那么孤单，没有人陪她玩，她一定被这些可怕的人给吓坏了，她希望有人能来帮帮她。我在会谈中持续进行这样的对话，慢慢地我的这些简短的观察变成了她期待的叙述，这帮助她开始把她的故事变得生动起来。当治疗师能够识别这些模式，就像我在这里尝试做的那样，并且孩子的游戏能够被理解，那么就有可能克服过去那些阻碍孩子情感发展的未解决的感受。

希望和改变的恐惧

希望在治疗中什么时候出现是难以捉摸的。它可能在会谈中短暂出现然后就消失不见，或者不知不觉就出现了，你当时压根没注意到，只有回顾的时候才看到它是什么时候出现的。有些孩子短暂地表现出新的希望，但随后他们又不希望你看到它，因为你可能会忽略那些仍然困扰他们的不愉快情绪。

作为治疗师，你会关注那些进步的迹象。你和你的年轻患者之间的关系有一种温暖的感觉。小孩子可能会在沙盘游戏中度过安静愉快的时光，或者跟你分享周末和父母或朋友共度的欢乐时刻。青少年可能第一次自发地大笑，并且随着会谈愈加轻松，他会变得没那么警惕。青少年开始对自己的外表感兴趣，他们更加独立，并寻找新的生活目标。有时候你会发现，他们在学校里有进步，或者在家里有更好的关系，但他们没告诉你的是，他们也在担心好时光会转瞬即逝，自己将再次陷入失望。

到底是什么带来了这些积极的变化，这种思考很有趣，尽管这可能是许多因素共同作用的结果。年轻人可以在跟心理治疗师的新关系中找到安全感和理解，这让他们能更积极和现实地看待其他重要关系。一位少女回顾我和她的治疗经历时说，治疗工作可以帮助她以一种不同的方式去回溯自己跟妈妈和姐姐的关系。她如今不再简单地感到被拒绝，而是意识到她对待她们的行为的确颇有挑战性，所以她现在能感激她们尝试重建和自己的关系，并且更加热情地回应她们。

从一个更悲伤的角度来看，新的希望感对于那些处于被剥夺和失调状态的孩子来说，会感到难以承受，因为它激发了一种渴望——如果生活能够更轻松该多好。它会让人感觉，这些来得太晚也太少了，所以无法心怀感恩。当我还在 CAMHS 工作的时候，曾经在一个小男孩那里体验过这种痛苦的反应，他和自己单身母亲的关系让人揪心，因为这位母亲是如此抑郁和易怒。他曾经历过一段被忽视的时期，并在童年早期被父亲虐待。这些时间留下的记忆如此痛苦，他用虚张声势和威胁性的行为来压制这些感受。他满怀热情前来治疗，喜欢这种被关注和理解的感觉，但这种和我的新关系唤起了他对早年错失的关怀的无比渴望，这令他难以忍受，而他不指望从他现在的家庭生活中得到这些。我开始在他的游戏中看到一些征兆，紧接着是他对我的挑衅行为，如果我不干预，他就会在沮丧和痛苦的驱使下，在会谈中引发暴力。我难过地提前结束治疗，以防他变得更有破坏性而让治疗失败。他在学校有一个支持他的教工，我觉得这位教工可以提供一种不那么紧张但有支持性的关系，从长远来看这对他更有帮助。

巩固进展

当年轻人在治疗中取得进展并稳固地持续下去，我认为治疗师认可这种进步很重要。这可以平衡糟糕的自我形象和严苛的自我批评，而这就是他们多年来的自我形象。在治疗关系中，新的希望感和安全感可以让恢复进程走得更远——他们开始关心治疗师和其他人，在游戏中公平竞争，以及对兄弟姐妹更慷慨。在这个阶段，孩子们经常想修补那些被他们弄坏了的游戏材料作为一种补偿，而我会用各种方法帮助他们，给他们足够的胶带和胶水。被撕坏的海报总是在告诉我们，孩子们在那个瞬间极其愤怒。这个事实也提醒我们，过去的现实无法摆脱，只能修补。他们开始为自己犯过的错误负责，试着去修复关系。青少年常常想在家庭中扮演更成熟的角色和新的位置，而且重要的是尽可能得到父母和兄弟姐妹的认可与赞誉。

自我关照

与承受着巨大压力和愤怒的青少年患者及其家庭工作充满挑战，如果我们不会照顾自己的话，可能会筋疲力尽。多年来，我一直在与严重精神障碍患者的家庭工作，但通过在一个运作良好的治疗社区的支持团队中工作，减轻了这项工作给我带来的压力。然而，我曾与其他儿童心理治疗师交谈过，他们的工作对象主要是那些有着严重困扰的“被照顾的”孩子，他们会见一个又一个痛苦不安的孩子，后来发现实在太多了，可能只有当治疗师跟同行交流或者督导时，才会意识到这种压力的存在。这正是尽可能采取措施进行调整的时候，确保工作中达到更好的平衡，在问题严重和不那么严重的儿童之间的安排比例上，有一个管理上的混合，并且对每天的治疗小时数进行现实的限制。觉察到这些压力，我认为让这项工作能够持续下去的原因是，看到孩子们能很好地运用心理治疗从情绪困扰和创伤经历中恢复过来。情感上的创伤和剥夺仍然存在，但是孩子们找到了希望和韧性大步向前，全心全意地投入到成长的任务中去。

在这本书中，我偶尔提到了一行禅师和铃木顺流（Shunryu Suzuki），和其他的儿童心理治疗师一样，比如莫妮卡·兰亚多、格雷厄姆·穆西克（Graham Music）和玛丽亚·波齐·蒙佐（Maria Pozzi Monzo），我也发现佛教哲学强调对当下意识的觉察，并以慈悲的态度对待自我和他人的痛苦，这在我的工作中是一种有益的哲学。我在冥想中想要获得的宁静和自我意识，似乎与我们想在患者身上培养出来的反思性自我相似。我不会直接把这些想法告诉和我一起工作的孩子们，但我发现，在繁忙的一天或者一次紧张的会谈中，几分钟的沉默能帮助我恢复平静，这对其他人来说也可能是一个有用的工具。

参考文献

Bollas，C.（1987）*The Shadow of the Object: Psychoanalysis of the Unthought Known*. London：Free Association Books.

Glasser，M.（1998）On violence：A preliminary communication. *International Journal of Psycho-Analysis* 79（5）：887–902.

Hanh，T.N.（2016）*At Home in the World: Stories and Essential Teachings from a Monk's Life. Berkeley*，CA：Parallax Press.

Horne，A.（2006［2001］）Brief communications from the edge：Psychotherapy with challenging adolescents. In M. Lanyado & A. Horne (eds) *A Question of Technique: Independent Psychoanalytic Approaches with Children and Young People*, pp. 128– 142. London: Routledge.

Lanyado, M. (2012) Transition and change: An exploration of the resonances between transitional and meditative states of mind and their roles in the therapeutic process. In A. Horne & M. Lanyado (eds) *Winnicott's Children*, pp. 123–140. London and New York: Routledge.

Pozzi Monzo, M. (2014) *The Buddha and the Baby: Psychotherapy and Meditation in Working with Children and Adults*. London: Routledge.

Rowling, J.K. (1999) *Harry Potter and the Prisoner of Azkaban*. London: Bloomsbury Children' s Books.

Tustin, F. (1972) *Autistic States in Children*. London: Routledge.

Winnicott, D.W. (1947) Hate in the countertransference. In D.W. Winnicott (ed) *Through Paediatrics to Psychoanalysis*, pp. 194–203. London: Karnac, 1992.

第9章

从错误、迷失中学习，了解督导的价值

当我还是一名实习儿童心理治疗师时，我感觉读案例研究时会有些沮丧，因为每个案例看起来都是一件完美的作品。可能会有一些危机需要解决，但总的来说孩子们取得了稳定的进步。治疗师从来不犯错误。对比之下，我感觉自己在试图理解孩子们的游戏或者对话，以及这些是如何解释他们的症状和潜在问题的过程中得过且过的。要保持耐心很难，要遵循比昂的准则——“不带记忆和欲望”开始每一次会谈以免干扰治疗进程，要看到发生了什么并理解整体，这一切都很困难。我意识到自己犯了错误——在错误的时间做了蹩脚的诠释，或者陷入会谈的情绪当中，缺乏审慎思考就贸然“行动”。从那以后我学到的是，心理治疗是一门需要经过多年磨炼的手艺，我们所犯下的错误也可以被证明是学习路上的机会。就像铃木顺流在《禅心、初学者的心态》（*Zen Mind, Beginner's Mind*）一书中所说：“在初学者的心态中存在许多可能性，在专家的心态中则很少。”[Suzuki，2011（1970）：1]

初学者会给工作带来新鲜的想法，提出对经验丰富的从业者来说非常宝贵的问题。心理治疗有明确的技术，但它也是一个逐步展开的过程，在这个过程中，答案没有正确和错误之分，质疑也是过程中的一个部分。

在本章中，我将探讨我在心理治疗中最容易犯错误的几个方面——对青少年患者做出回应的时机和反应、设定明确的界限、过早结束治疗，以及倾听无意识和从自己的经验中学习的积极价值。

理解我们的错误

也许我第一次看到这种看待心理治疗的方式来自帕特里克·凯斯门特（Patrick Casement）的《从患者身上学习》（*On Learning from the Patient*）一书。凯斯门特是一名精神分析学家，他描述了自己在和来访者共同制定治疗方向的时候如何去倾听他们的反馈。从这些对“会谈”的反馈中，他找到了是什么在帮助来访者在心理治疗中一直追寻意义和恢复，又是什么在妨碍着这一进程。

同样，通过仔细倾听和观察年轻患者的反应，我们可以从错误中学习。我们能意识到自己跟患者的关系没有那么贴近的时刻，并及时纠正。我还记得曾经和一个爱思考的青少年一起工作，他当时正在努力寻找贴切的词语来表达自己的感受。我跳了进去，说出了我认为的他的感受。他看上去很恼火，耸了耸肩。我意识到我缺乏耐心，干扰了他对自我的表达，于是向他道歉。我已经感觉到了他谈论自己时的不安，我尝试帮助他，却抢在了他澄清自己想法的努力前面。

另一个难点是节奏，即什么时候该去评论，什么时候又该保持沉默，只是观察和倾听就够了。有时候，如果我做错了，他们会告诉我。我记得有个小男孩曾经跟我抱怨说：“你让我做所有的事，而你只是坐在那里看着。”我意识到，他感觉自己被撂在一边了，我们并没有一起努力去理解他的烦恼是什么。这让我想起比阿特丽斯·毕比关于母婴互动的研究，该研究表明了父母多么容易误解自己的小婴儿，以及修复这些小误解的过程如何有助于建立父母和年幼孩子之间安全的依恋关系。我们在治疗中学习儿童“语言”的能力，以及犯错时的觉察能力，有助于发展我们和孩子之间的关系，尤其是当孩子感激这种密切的关注时，并且对于我们一起去理解其问题的想法倍加珍惜。

迈克尔·帕森斯（Michael Parson）建议，当我们在治疗中游离，或者表现出乎自己意料的时候，我们可以从中吸取到一些教训。他表明，如果我们仔细观察治疗过程中每分钟的进展，我们就会发现，那些看似莫名其妙的想法是对患者交流的无意识反应。仔细品味我们对患者的反应，可以帮我们提高对患者的关切点的洞察力。在他的论文《帮助不善言辞者：内部分析式场景和超越反移情的倾听》（*Raiding the Inarticulate: The Internal Analytic Setting and Listening beyond Countertransference*）中，他说道：

> 分析的体验可能会激活分析者内心的元素，这些元素非但不会阻碍分析体验，反而可能还会积极地丰富它。（Parson，2007，p.1441）

帕森斯举了一个例子，他和一个患者的对话让他想到了自己的工作，这让他用一个新的方式看待这位患者的内心世界。患者的话引发了他一连串的思考，激起了他对于自己分析师发展之路的着迷，以及对自己一生所能取得的成就受到局限的悲哀。这使他得以触碰到患者关于“虚度半生”的悲哀，以及对于未来无法实现的恐惧，而患者尚无法将此用语言表达出来。

> 丧失和受限的感觉，以及没能成为自己本可以成为的样子的悲伤，都无法完全用语言表达出来。到目前为止，通过分析所激发出来的我对自己处境的心理工作，我对它们的理解愈加深刻。（Parson，2007，p.1454）

帕森斯强调了分析师能够让思维自由地“突破那些无法表达的东西”的重要性。

> 在内部分析环境中，对自我体验的自由是内在导向倾听的基础。我在前面描述过，分析者是她自我分析的倾听者。（Parson，2007，p.1445）

就像帕森斯一样，我开始相信我头脑中的无意识联系，相信当我以弗洛伊德推荐的均匀而持续的注意力去观察一个孩子时所浮现出来的那些意想不到的想法和感受。如果我认为这些想法有价值，我就会去尝试，就我认为孩子在向我表达的东西提出建议，完全不介意孩子会不会说我搞错了。这可以开启一段有趣的对话。

当我看到一个在接受治疗的女孩的画，画上有灰暗的形状，我想到了可能是她在睡觉时候的噩梦。我向她提出这个想法时，她不理睬我，说这不过是背景色而已。我接受了这个说法，但仍然在想，是我的想法错了，还是时机不对？可能她还没有准备好跟我分享那些画面带来的可怕想法。

从经验中学习

儿童心理治疗是通过学徒模式来教授的，因为它必须通过经验来学习。英国精神分析培训中的儿童心理治疗学员在儿童心理健康机构实习了 4 年。学员将由一名经验丰富的实务工作者督导，这位督导跟儿童青少年及其父母进行过广泛的短程或长程工作。学员要跟 3 个孩子进行密集的工作—— 一个 5 岁以下的幼儿、一个潜伏期的孩子和一个青少年，一周见 3~4 次，持续一年，有时是两年。这样做的目的是，教授儿童精神分析治疗师治疗过程中的细节，并在跟患者的关系中处理移情和反移情的问题。这项复杂的工作建立在我们在训练中也同样密集地接受分析的基础之上，分析给了我们一个安全的环境去了解我们的内心世界，并反思我们对患者的情绪反应。

作为学徒，我们在治疗中不可避免地会犯错，可能表现出退缩和说得太少，或者过早介入进行诠释。我们允许一个小女孩在治疗过程中变得吵闹而有破坏性，然后会发现很难阻止她跑出房间。在经历了一个混乱的会谈之后，玩具被扔得到处都是，水和沙子也被弄得乱七八糟，但又不得不去收拾干净，我们才知道给孩子设定界限的重要性。特别是如果下一个孩子 10 分钟后就会来，房间必须恢复到干净整齐。

当孩子开始表达那些让他 / 她来寻求治疗的困扰时，治疗可能就会变得混乱而难以管理。父母常常在孩子来见治疗师的路上，告诉孩子要“乖乖的”。我温和地挑战这一点，诠释道我很期待他们的孩子带进会谈的东西，无论是什么，因为这对于我如何理解孩子至关重要。当咨询结束时，如果我出来的时候略显疲态或者蓬头垢面，父母就会沮丧地看着我，是他们的孩子让我这般难受。我想他们也许还会感觉释然，因为我已经发现了他们的孩子多么具有挑战性。

治疗初期的不确定性

管理不确定性是这项技术中困难的地方之一，因为父母和其他专业人士都期盼我们做个“专家”，所以我们觉得自己就应该知道该做什么。在治疗的开头，治疗师很有可能会拿不准孩子在治疗中的工作要走向何方，即使在评估中已经有了一个临时性的诊断。保持这种不确定性，而非过早地寻求确定感是必要的，但会让人不舒服。随着治疗的推进，我们对孩子问题的初步评估可能会被修正，并且变得更加复杂。

当一个孩子的挑战行为不断扰乱家庭或学校生活，就会有人质疑治疗的价值，这种情况下尤其会引发焦虑。尽管你承担着诸多要求改变的压力，但你还不能加快治疗过程。孩子需要时间来建立信任，找到跟你交流问题的方法，并开始探索新的存在方式。在这个早期阶段，如果你尚不清楚游戏或者谈话的方向，你可能会觉得自己对年轻人的回应听上去既笨拙又尴尬，或者你可能会错失一个后来看起来特别明显的线索。一般情况下，如果你说错了，孩子们会很快原谅你，因为他们感受到你在试图理解他们，尝试跟他们进行情感联结。渐渐地，一个孩子的游戏或者行为会呈现出你们都能理解的样子，然后困难行为可能会减少。就像我在第 4 章中提到的小莎莉，几个月后终于发现灰姑娘的故事在向我表达她被剥夺和虐待的经历。接下来，她的焦虑就减轻了，行为也有所改善。在此之前，她的照顾者们都不得不忍受她没完没了的睡前仪式和愤怒情绪，这让他们筋疲力尽。幸运的是，他们得到了社工的支持，在社工的帮助下对莎莉更有信心，直到我们的治疗取得进展。

另一个焦虑是，在治疗中什么时候该同意孩子的要求，而你不确定他/她的要求是否对治疗有帮助。我发现我必须依赖当下的感觉来判断什么是正确的。

> 一个接受心理治疗的小女孩，让我扮演一个被老师和同学嘲笑的孩子，而她则假装是迫害者之一。我看得出来，她想让我知道被戏弄和取笑是什么感觉，就像她曾经经历过的那样。然后她想让我扮演一个残酷的、控制的治疗师，对着她这个无助的小孩大吼大叫。这个角色让我很不舒服，但我看得出来这对她有某种意义。我有点谨慎地同意了她，对她表现得很“糟糕”，在这个角色中我体会到这类欺凌的残酷刺激。后来我说，表现得如此不友善可能会令人兴奋，尤其是有人让你嫉妒或生气的时候。我能理解她报复的欲望，她松了一口气，因为她经常很残忍，随后又感觉内疚。接下来她就能向前看，把这出戏抛在脑后了。她想让我明白，有时不向这些破坏性的冲动屈服有多么困难。

如果我觉得孩子正在把我带进过于亲密、诱惑或者虐待的行为当中，我不会同意角色扮演，即使我能理解造成这种行为的冲动。

有一次，一个我见了一段时间的八岁小男孩在治疗室的地板上放了一张床，让我和他一起躺下来。我拒绝了，而是帮他找了个柔软的玩具让他抱住。我觉得他想要的是母婴接触的亲密感，我知道我不能提供，但我也担心这可能会导致他希望跟我进行刺激和诱惑的互动，而这是不妥当的。

治疗室内外的付诸行动

在治疗中管理紧张情绪的困难在于，我们有采取行动的压力，所以有时候我们在会谈中会冲动行事，过后又后悔了。在取得儿童心理治疗师资格后，我开始在卡塞尔医院跟高危父母和婴儿一起工作，不久后我就经历了这样一件事。我亲眼见到一位母亲糟糕地对待孩子，我没有想到自己会如此地焦虑和痛苦。在一次评估会谈中，我见到了一位母亲，我称她希拉，她对自己学步期的孩子表现出越来越多的排斥。我停止了会谈，因为我觉得自己看不下去，正如下面所描述的。

在一次亲子评估会谈中，希拉对她两岁的女儿的态度越来越恶劣。每次她的女儿来找她玩时，她都会挑女儿的毛病，于是孩子的希望破灭了。她对孩子的拒绝残酷到了我无法忍受的程度。我非常痛苦，突然停止了治疗，让这位母亲离开并把孩子带回托儿所，然后我大哭起来。一位经验丰富的家庭护士过来看看发生了什么，在她友好的支持下我才得以恢复，并邀请孩子的母亲单独过来，以便详细谈谈发生了什么。这时，这位焦躁而清醒的妈妈能够想到自己对女儿的愤怒，想到她的女儿该是多么地难过和害怕。接着希拉告诉我，女儿三个月大时，她曾经因为抑郁而无法照顾孩子，所以请自己的母亲来照看。自从几个月前，蹒跚学步的孩子回到她身边，她就感到无比愧疚，以至于无法展现出女儿渴望的爱，这让她十分沮丧、生气、苛刻。这是历史的重演，希拉还小的时候，她母亲也曾把她交给祖母照顾了几个月。当希拉回到母亲身边后，她和母亲的关系一直都很艰难。现在，她很害怕接近女儿，因为她不确定自己能否做个好母亲。

我想我们都觉得，在经历这一切之后，我们发现了她作为一位母亲很重要的动力，即她对无法建立爱的联结感到内疚和绝望，是如何让她以残忍的方式推开女儿的。很遗憾但又妥当的是，这位母亲最终决定让别人来收养她的孩子，而自己去接受心理治疗，因为她明白自己无法给孩子提供所需的养育照料，来满足孩子的需求。

回想这段经历，我意识到我像希拉拒绝自己的孩子一样拒绝了她，以此对她们关系中强烈的无法控制的情感做出了反应，而不是用一种更加深思熟虑的方式来应对。我想在专业工作中也会出现类似的拒绝链。儿童或青少年及其父母可能陷入暴力争吵并彼此排斥，而相关的专业人士有时会被迫效仿这种行为。他们屈服于父母的要求，把孩子推出家门，因为他们认同了家庭中的无望感和愤怒感，而不是去容纳这些痛苦的情感。在第 13 章中，我会阐述为专业儿童保育团队提供的咨询服务，以帮助他们识别这些投射过程，并防止他们歪曲儿童及其父母的决策。

随着我与父母和孩子共同治疗的经验积累，我意识到这项工作是多么具有挑战性，因为我们会认同母亲和孩子双方强烈而又冲突的情感，我们必须在自己的内心找到一种平衡。我现在可以更好地应对其中复杂的感受了。我意识到，当脆弱的父母无法安慰或安抚自己的孩子时，他们会很快变得愤怒和不知所措，我可以进行干预，帮助他们深思熟虑地做出反应，并保护孩子不受这些困难感受的影响。作为一名新手心理治疗师，我需要经验丰富的团队在身边给予支持，帮我从对母亲和幼儿的冲动反应中纠正过来，并转向对亲子关系有益的探索上。

过早结束心理治疗的影响

要判断何时结束治疗是件困难的事。在做出这个决定时，我们可能会感受到来自父母的压力，来自团队和管理者的压力，他们满脑子都是有多少孩子在等待治疗，以及应对资源多么稀缺。当心理治疗有时间限制时，结束日期将在一开始就决定了，并且会有一个协商好的工作重点。儿童更复杂和长期的发育困难往往需要开放式的、更长程的治疗，那么就会很难决定治疗到什么时候才足够充分。如果我们过早结束长程工作，很可能会发现困难的行为模式又重蹈覆辙，而且年轻人变得对未来越发焦虑。这告诉我们治疗结束得太早了，还需要进一步巩固。我犯过这种错误。看到一个孩子变得更加安定而自信，我决定提前结束治疗。这在一定程度上是因为资源非常有限，还有其他孩子在等待治疗。但我想这种压力也来自我自己，而不是这个孩子或这个家庭，因为我不想让治疗持续的时间超过孩子所需。意识到自己的错误之后，我得以延续了他们的治疗，最后成功结案，正如下文所描述的。对费格斯来说，过早的结案可能会破坏此前在心理治疗中所取得的进展。

> 16岁的费格斯已经接受了两年的每周治疗，我们达成一致，计划两个月后结束治疗。在这段时间里，他鲁莽的行为模式又故态复萌，而且他在会谈中变得不安和不想说话。我回想起来，他认为我结束治疗是因为他曾经的挑衅行为，而我很高兴终于可以摆脱他了，而不是等到他准备好了再结束治疗。他复现的这些困难行为，是对被迫过早结束心理治疗而焦虑的一种无意识的表达。一旦意识到这一点后，我们制订了一个新的计划，即再持续六个月后进行复查，到那时候，他已经为计划中的结案做好了准备，并且也能更加自信地离开治疗。

在第10章中，我将会更详细地讨论结束治疗所涉及的诸多问题。

督导的价值

整天忙着处理儿童困扰、风险问题，以及痛苦的父母和照顾者的担忧，儿童心理治疗师需要一个团队的支持，在这个团队中他可以放心分享担忧、不确定感，并在必要时寻求支持。同样重要的还有临床督导的作用，个体督导或者可能情况下的同辈小组。在这里，心理治疗师有机会去反思咨访关系的动力，还有会谈中的情绪体验。

莫妮卡·兰亚多在她的书《化绝望为希望》(*Transforming Despair to Hope*)中谈到了她督导儿童心理治疗师的经历。她描述了督导师如何帮助治疗师去思考会谈中“处于意识边缘”的体验，以及很多早期情感交流的内容。

督导师能帮助治疗师去“抱持”患者表达出来的困难和不安的体验。这种督导中的体验和反思结合起来，可以成为受督者回到临床情境中的有意识的一部分。

传统的方法是，治疗师以详细的过程记录的方式写下和患者的临床会谈，包括在临床会谈或者书写过程中出现的任何想法和感受。当治疗师重述会谈时，关于临床材料的讨论，会让治疗师和年轻患者之间的关系在当下活现。这就变成了一种镜映的过程，让督导师能够去感受在治疗师和患者之间的关系中发生了什么，并从不同角度来看待会谈动力。理想情况下，这是一种双向过程，督导师和受督者之间想法的自由流动，激发出看待临床材料的新方法。

兰亚多特别谈到了对那些困难时期的共同探索，儿童心理治疗师一直积极参与处理遭受严重创伤的年轻人的绝望情绪。据她描述，在督导中她能从临床材料里发现转变和希望的迹象出现的时刻，以及和治疗师分享这一点又是如何给工作带来新的理解。

在心理治疗中，与棘手个案的艰难工作中所获得的学习和发展，也传递到了督导中，就像奥格登指出的：

> 精神分析的督导关系是……精神分析知识从一代精神分析学家传递到下一代不可或缺的媒介。(Ogden，2009：31)

和同侪一起学习和发展、分享经验和新想法也同样令人兴奋。我很看重同辈小组督导，它是我多年心理治疗工作中的支持来源。这些小组既可以在工作环境中开展，也可以在儿童心理治疗师的聚会中进行。通常情况下，儿童心理治疗师会在取得资质后加入其中一个小组，或者跟其他学员组建一个小组，并且他们可能会在这个每月一次聚会的小组中待上好多年。没有领导者，呈报个案工作供讨论的那个人就承担了这个角色。作为一个团队一起去思考一个棘手的个案有着特殊的作用，在这里，每个从业者都会带来自己的观点，面对令人不安或迷茫的个案材料，可以轻松地跟同伴们公开讨论自己的不确定性和复杂的反应。我经常发现，小组的智慧比参与其中的个人要大许多，刚开始觉得难以理解的情境，随着我们所有人贡献出自己的想法，激发彼此的思考，之后会逐渐变得清晰起来。为了让这一切顺利开展，拥有一个大多数人都很了解彼此的团体会很有帮助，当然还包括工作一天后作为营养品供应的茶和点心。

参考文献

Bion，W.R.（1967）. Notes on memory and desire. The Psychoanalytic Forum2（3）：271–280.
Casement，P.（1985）. *On Learning from the Patient*. London：Routledge.

Freud，S.（1912）. Recommendations to physicians practising psycho-analysis. In J. Strachey et al.（eds）*Standard Edition of the Complete Psychological Works of Sigmund Freud*，vol. 12，pp. 109–120. London：Hogarth Press，1958.

Lanyado，M.（2018）. *Transforming Despair to Hope: Reflections on the Psychotherapeutic Process with Severely Neglected and Traumatised Children*. Abingdon：Routledge.

Ogden，T.H.（2009）On psychoanalytic supervision. In T.H. Ogden（ed）*Rediscovering Psychoanalysis: Thinking and Dreaming, Learning and Forgetting*，pp. 31–49. London and New York：Routledge.

Parsons，M.（2007）. Raiding the inarticulate：The internal analytic setting and listening beyond countertransference. *International Journal of Psychoanalysis* 88（6）：1441–1456.

Suzuki，S.（2011［1970］）. *Zen Mind, Beginner's Mind: Informal Talks on Zen Meditation and Practice*. Boulder，CO：Shambhala.

第 10 章
向结案而努力

在治疗的最初几个月里，六岁的西蒙每次会谈开始前都会跑到我前面，躲在我的小诊室的某个角落里。一旦我找到他，他会重复这个游戏，如果我没有阻止他，他将在会谈中继续玩“捉迷藏”。这一点都不好玩。这是他在跟我分开一周后再次面对我的应对方式，也是他处理因我不在而产生的渴望和憎恨等复杂感受的方式。在那之后，他变得退缩、阴沉，而我能感觉到他排山倒海的悲伤。他蜷缩在角落里，或者踢门，说他根本就不需要我的帮助。会谈的结束对他来说也同样困难。他看了看表，倒计时快结束时，然后提前几分钟跑出房间，这样他就能在我离开他之前离开我。

对于那些过去经历过许多难过而突然的分离，并且在现在的关系中充满冲突的孩子来说，治疗会谈的开始和结束往往是高度焦虑的时刻。像西蒙一样，他们担心过去在情感关系中的失望会在治疗师身上重演。他们小心翼翼地藏起自己的脆弱和需求，以此来保护自己。但在“捉迷藏”游戏中也有一种希望的萌芽，一种被发现的期盼，希望这次新的会面能带来一些温暖与欢乐。我们在治疗中见到的许多孩子都经历过多重创伤性损失。在心理治疗中，我们有机会按照孩子的节奏，在一段安全的关系中审视过去愤怒和痛苦的感受。当治疗的结束阶段是按计划、有预期的时候，我们就可以帮助儿童解决和克服对分离的恐惧，这样他们就能更加乐观地展望自己的未来。在本章中，我将思考未解决的丧失对儿童的影响、治疗中有计划和无计划的结束、结束的时机、结束的过程以及对未来的准备。

未解决的丧失体验

英国心理学家、精神病学家和精神分析学家约翰·鲍尔比（John Bowlby）研究了儿童对丧失以及与主要依恋对象分离的反应。

在医院或机构对那些与父母分离的幼儿进行的观察中，他描述了对丧失的三个反应阶段：抗议、绝望和超脱（Bowlby，1960）。抗议是因为孩子对于分离和丧失的威胁感到焦虑，绝望是孩子悲伤的表现，而超脱则是孩子对丧失痛苦的防御。如果有机会建立新的关系，那么就可以重建新的依恋，并加以修复。

詹姆斯·罗伯逊（James Robertson）和乔伊斯·罗伯逊（Joyce Robertson）夫妇作为研究人员，参与了鲍尔比针对经历分离和丧失儿童的研究。他们收养这些孩子后，发现由他们看护的孩子们在分离期间并没有那么痛苦，因为有他们安慰和支持孩子们度过这段时期。这时候，没有发现与主要依恋对象的分离和丧失在孩子身上的影响。英国的医院不鼓励家长在孩子长时间住院期间前来探望。父母们常常每周甚至每月来看望孩子，极端情况下，父母只被允许从窗户外看看孩子。他们认为，父母的探访会让孩子感到“不安”，还会扰乱医院的日常工作。罗伯逊夫妇拍摄了一些幼儿跟父母短暂分离的场景（1967—1973 年出版），以展示这对婴儿的创伤有多大，而这改变了公共政策的制定。他们拍摄的电影《约翰》(*John*）令人揪心，一个 17 个月大的平静随和的孩子，在母亲生产期间被送到了一家寄宿制托儿所，只待了 9 天时间。我们看到，约翰很快就变得痛苦，然后很愤怒。他试图用一只大泰迪熊玩偶来安抚自己，但最终放弃了并变得孤僻。尽管所有的护士都很友善，但在这段时间里没有专门照看他的护士。当他的母亲回来时，约翰拒绝看她一眼，而且过了很长一段时间他才接受妈妈的安抚，得以恢复过来。这种分离产生了长期的影响，因为他在成长过程中仍然是一个脆弱的孩子。

我在那些母亲患有严重抑郁症的婴儿身上看到过同样的反应。他们的母亲实际上并没有缺席，但在情绪上无法靠近，有时还会排斥她们的小婴儿。当母亲开始退缩，对婴儿的需求信息不敏感时，婴儿的悲伤表现为极度痛苦和回避。通常，婴儿会在其他地方寻找慈爱，如求助于父亲、托儿所护士或者其他可以提供安慰的人，直到母亲康复。

在心理治疗中处理丧失和分离

在对年轻人进行心理治疗时，他们与心理治疗师的关系提供了一个修通以往丧失体验的机会。对那些经历过痛苦分离的孩子来说，每周离开治疗师都会让他们重新产生被抛弃的恐惧，如果治疗期间或者假期之前有计划好的休息，那这种恐惧就会有所增加。当我们从孩子父母那里听到孩子的经历，或者在治疗之初阅读他们的档案时，我们可以试着想象一下，对于那个年龄的孩子来说，经历突如其来的家庭丧失、父母婚姻破裂、父母或者兄弟姐妹的创伤性疾病，那会是什么样子的？正如我们将在关于离婚与精神疾病的章节（第 11、12 章）中所讲到的，这些事情发生时，儿童的年龄对于理解他们的反应至关重要，因为这将决定儿童理解当下所发生事情的能力。同样重要的是，是否有一个有爱心的成年人来安慰孩子，并告诉他们发生了什么。我们知道，哀悼那些过去曾经伤害过我们、让我们愤怒的人是很困难的，所以那些对痛苦的矛盾关系记忆犹新的孩子可能是防御最强的，同时也最难信任当下的关系。

未解决的哀伤会让儿童感到痛苦和愤怒，无法投入生活和建立新的关系。他们会建立防御机制来保护自己免受进一步的伤害，但这也会妨碍他们亲近他人。儿童的不快乐可能会表现为暴怒或者退缩行为，这让照顾他们的人感到困惑。照顾儿童的成年人通常不会把孩子的不良行为和过去的创伤经历联系起来，而是会责怪自己，觉得自己在某些方面没把孩子照顾好。他们通常还会害怕跟孩子讨论过去不愉快的经历，生怕让他们更难过，所以他们跟孩子之间会产生一种很难弥合的隔阂。正如我在第 13 章中所描述的那样，儿童心理治疗师可以扮演重要的角色，为这些问题儿童的养育者或者收养者提供重要的支持。

埃德娜·奥肖内西（Edna O'Shaughnessy）在其论文《缺席的客体》（*The Absent Object*）中讨论了一个年幼孩子失去亲人的经历，这个孩子还没有能力保留对缺席亲人的美好记忆。她解释了缺席对象（不在孩子身边的人）如何成为孩子心目当中的迫害者，就像在孩子需要帮助时转身离开的那个人。年轻人对这个迫害性内部人物的愤怒会带来对报复的恐惧和被彻底抛弃的威胁。如果儿童在创伤环境中跟父母分离，那他们对这种情况再次发生的恐惧就会加剧，而且始终没有安全感并害怕依赖别人。

在心理治疗中，这些恐惧和愤怒的感觉将会在会谈进程中出现，特别是在会谈结束和假期休息有进一步分离的时候。这一次，治疗师会让儿童感到安心，进而理解这些感受，并将其视为对过去丧失的巨大痛苦的反应，且由当下的分离再次唤起。

观察这些议题在治疗中如何显现是很有意思的。随着每次治疗会谈接近尾声，我通常会提醒那些相对脆弱的孩子还剩多少时间——“5 分钟”警告，以缓解他们对于结束的焦虑。我常常会问他们，他们想怎么结束这周的游戏或者故事，提醒他们下次会谈可以继续。有些孩子很难忍受结束，那么我会帮助他们把游戏材料收起来，象征性地把他们这一天的感受也打包收好。孩子们常常会想要带点什么回家，也许是类似一根绳子这样的简单物件，拿着这样的“过渡性物品”直到下次会谈带回来。我会对每个孩子的情况做出判断。他们需要带着某个实物吗？或者我可以鼓励他们记住我？对于青少年，我可能会以不同的方式提出处理分离的议题，包括询问他们在两次会谈间是否记得我们的讨论，还是像许多人那样出门就忘，以回避离别的痛苦感受。最近，我正在为一个十几岁的孩子做假期准备，我知道这对她来说很难应对。我给了她一个笔记本，建议她在假期写日记，记录自己的感受。这个想法对她很有吸引力，她详细讨论了这个想法，决定每天画一幅画来表达自己的感受，这是我不在的时候她和我保持联系的方式。

在一开始，我们的年轻患者会否认自己的丧失体验。假期之后，当他们回到治疗中，会讲述这段时间里自己做过的所有激动人心的事情。然而，随着治疗关系的深入，他们可能会更加意识到在会谈之间失去跟治疗师的联系，但这可能令人愤怒，因为在过去依赖他人是如此地不安全。有时，他们过去的焦虑和愤怒，在当下情景中被治疗师抛弃的感觉所激起，表现为破坏性的游戏或行为。这可能很难处理，但过去的情绪在当下的重复，使得我们有可能与他们讨论现在有多生气，而不必直接解决早期更具创伤性的分离问题。一位治疗师在督导中告诉我，七岁的汤米对即将到来的假期休息大发雷霆。

> 在收到复活节假期日程和治疗师缺席的日期后，汤米在他的游戏中变得越来越挑衅，把沙盘里的沙子倒在地板上，然后扔向他的治疗师，观察她的反应，看看她是不是生气了。她指出这是在向她表达，对于她这周去过复活节，他有多么生气和不安。这就是为什么他要把一切搞得乱七八糟，而她必须去收拾。他抬起头来微微点头表示认可，并且沙子倾倒的速度放慢了，直到她牢牢盖上沙盘盖子，说她再也不能容忍这种行为，他才完全停止，但是她确实理解他有多难过。

青少年可能对被抛弃有同样的挑战和痛苦，但是他们的愤怒可能表现为对治疗师的愤世嫉俗，或者拒绝接受治疗。这同样令人难以忍受，除非治疗师能够意识到并最终在会谈中谈论这一点，即这是对丧失痛苦的类似防御，隐藏了潜在的痛苦。

当过往未曾处理的感受再次浮现，治疗师需要决心、理解和坚定的界限来承受这一阶段的风暴。渐渐地，年轻患者们将能够更多地思考那些浮现出来的痛苦感受，于是他们不需要太多地表现出来。正如莫妮卡·兰亚多描述的那样，愤怒常常转变成悲伤。

> 当悲伤和思念的情绪开始渗透进保护儿童免受丧失之痛的层层防御中时，这是一个重要的迹象，表明健康和恰当的哀悼过程开始在儿童体内发挥作用，这对孩子来说也许是第一次。起初，这些感受似乎跟儿童的重大丧失没有直接关系。有趣的是，在与治疗师的新关系中，这些感受可能会被更直接地体验到，在周末或假期休息时想念咨询师，或者在休息前后愤怒地拒绝咨询师。（Lanyado，2018：56）

治疗师可能会感觉到孩子的悲伤“渗透”进来，但是也知道孩子还没准备好去直接讨论这些感受。通常，对于年龄较小的孩子，我们看到这些悲伤和抗拒的感受会首先在他们的游戏中表达出来，就像我前面描述的七岁孩子汤米的下一阶段治疗。

> 治疗几个月之后，当汤米的治疗师要离开一个星期，他能够表达他的悲伤了，他把越来越多的水倒在沙盘里的人偶身上，让他们湿透了。这位心理治疗师知道，水代表这个小男孩的眼泪，代表他不得不面对一周的分离时难以直接表达的哀伤。她只是在那一刻帮汤姆找毛巾把水擦干净，把游戏中滴水的人偶擦干。后来，当她感觉他做好了倾听的准备，方才提出她认为他在为假期里想念她而担心和难过。

像这样，在游戏中、在安全的距离下和孩子的感受工作，儿童心理治疗师能帮助他应对自己的痛苦，而不会通过直接谈论来增加他的焦虑，直到他准备好让咨询师把他的感受说出来。

在这些悲伤时刻，像汤米这样的孩子会把自己的心理治疗师体验成一个可以忍受悲伤而不会被悲伤压垮的人，而且这个孩子也可以吸收这种经验，并且在几个月的治疗中发现了自己的这种能力。通过这个过程，孩子渐渐变得不那么焦虑和防御，这为其他发展成果释放了能量，在治疗后期，我们经常能看到这种情况。孩子在学校学得越来越好，结交朋友，并且和父母、监护人及兄弟姐妹的关系变得更温暖、更放松。

什么时候结束才是正确的？评估改变

一些严重匮乏的儿童永远都不想结束治疗。他们喜欢这种体验，即跟一个仔细倾听并帮助他们了解自己的人建立一段安全的关系。因为这些孩子早期被忽视，他们可能永远不会觉得自己得到了充足的照顾，这可能会让结束心理治疗的可能性变成一个令人担忧的过程。不过更常见的情况是，当一个年轻人觉得是时候考虑结束心理治疗时，而治疗师也这么认为。那么，这种反应背后的原因是什么呢？人们要怎么评估改变？又有哪些迹象可以表明已经取得了足够的进展？

在评估中以及往后几个月的治疗中，儿童的内心世界、自我意识、和家庭以及朋友的关系图景逐渐清晰起来。我们观察到这个年轻人的防御是多么严密，焦虑又有多么严重。如果治疗进展顺利，他会开始在治疗关系中更加自如地表达自己的想法和感受，而这种与日俱增的信任又进一步使得他与他人的关系更紧密、更满意。而当这个青少年获得了自信和自我价值感，就更容易抓住爱与恨的感受，三思而后行，并意识到什么时候该求助。自我能力随着儿童情绪的成熟而发展，因此胜任感也在不断增强。这个年轻人更有学习能力和创造力，对于未来也更加乐观。八岁的希拉被转介而来，我在督导中从一位治疗师那里听说她，她达到了这种缓慢但有意义的进展。

希拉是一个有困扰的小学生，在其很小的时候被忽视并受到了创伤。在希拉还是个婴儿时，她那年轻不成熟的母亲和希拉的父亲之间维持着一种暴力关系，而她用毒品来消解痛苦。现在，这位母亲下定决心要给希拉一个更好的未来，于是她每周都带希拉去接受心理治疗，同时她也在进行治疗。

希拉是一个身材娇小、表情活泼的女孩，但当她的愿望落空，或者在学校受挫时（因为她存在特定的学习困难），她则会变得暴怒。在和一位有韧性的年轻心理治疗师工作了几个月后，希拉学会了用语言或者游戏来表达自己的愤怒和不安，而不是像一开始那样扔东西。在会谈中，她感受到了被倾听和理解，而这帮助她变得更冷静和深思熟虑。当她心烦意乱时，她能够说出自己的感受，也更能在学校接受她所需要的帮助。随着她跟治疗师的关系变得更加稳固，她也能更好地应对治疗中的休息时间。她知道当治疗师不在的时候，她也可以保存着治疗师的形象（客体恒常性），治疗师会在她回来的时候热情迎接她。她从一开始攻击治疗师，进展到保护治疗师，甚至在游戏中努力做到公平，而此前几个月她一直在不停地作弊。

当然，每个儿童的治疗之旅有所不同，但我们可以看到，随着这个儿童的发展，一些防御在松动，比如她之前回避亲密接触，现在她变得更能交流感受。和心理治疗师的良好体验被内化了，转移到了其他关系中，同时她也允许自己对于更亲近、更温暖的关系感到舒适。她越是能感受到对自己和他人的善意，她的内心世界就会越温和。

计划之中和意料之外的结束

心理治疗中有计划的结束，给年轻人提供了一个机会，以一种新的方式处理跟丧失和改变有关的感受，但结束通常并不会如我们所愿的那么顺遂。儿童生活中的事件会妨碍精心计划的治疗结论，或者治疗师也可能会因为疾病或者怀孕这样的事情而提前结束治疗。在这些情况下，还是会用一些时间来安排几次会谈进行道别。最难处理的情境是治疗突然中断，甚至连短暂的结束阶段都没有，可能由于寄养安置失败，或者家庭过早提出结案。发生这种情况非常令人震惊，处理起来也很痛苦，因为无论是儿童还是治疗师，如果他们没有参与决策过程，就会感到深深的无助。对治疗师来说，承接孩子对于失去治疗的合情合理的愤怒有些困难，如果他自己也感受到了这种丧失。尽管治疗师会有这些挫败沮丧的感觉，还是值得尝试再去争取一到两次额外的会谈，或者同意当孩子换新地方时去看看他 / 她，就像我曾经做过的那样。这可以避免让儿童再次面临生活中的突然消失，以免儿童觉得你不在乎他，或者也能让你放心地结束治疗。

如果我们能提前一段时间就安排好一个日期，并计划好一个恰如其分的结案，那就是相当幸运的了。理想情况下，经过一段时间的治疗，比如一年到一年半的时间，我们允许在最后的结束日期来临前至少留出几周到三个月的时间。这给最后阶段留出了时间，一个短假期，来预演最后的结案分离。复杂情境下的计划内结案，会留时间给那些跟孩子关系密切的人（父母、学校和专业人士）一起参与，以确保孩子在这个困难的阶段得到支持，并把对这个计划实施的意外干扰保持在最低水平。

每一个结案都有自己的过程，当工作接近尾声时，治疗中常常会出现惊喜。有时，孩子们在探索自己对结案的焦虑时，会透露出他们以前一直埋藏在心里的担忧。在治疗的最后阶段，我看到一个十几岁的女生透露出她以前从未讨论过的烦恼记忆和恐惧：她第一次和我谈起她母亲年轻时精神疾病发作的记忆，以及她是如何觉得自己应该对此负有责任。她很担心自己长大后也会像妈妈一样患上精神疾病。我曾经怀疑过她可能会有这种感觉，但我不想在她没有准备好的情况下贸然提出这些议题。她最终把这些焦虑说出来了，于是她松了一口气。

和其他青少年一样，这个女孩对于治疗的结束很满意，但还是很担心有些东西会在我们的关系结束后消失不见，比如在咨询中取得的收获，以及她刚刚才发现的自信和交友能力。很难让她意识到，她所增长出来的情绪控制和建立新关系的能力，是出于她内在的变化，是一种她自身的成长，在离开治疗室之后也能继续发展。在结案阶段，可能会有一些回归现象，因为旧的行为模式会再次出现，以应对结束阶段的焦虑，但这些通常会更快得到解决，因为我们认为这些属于过去。这个女孩在社交方面非常焦虑，她担心如果要在全班面前发言，她会显得很可笑。这些恐惧在最后几周短暂地再次出现，因为她的自信动摇了，而当她意识到自己最近在一部戏剧小品中扮演的角色做得很好时，这种恐惧就消失了。

我发现，我可以通过我们共同工作的关键点来指引这个“修通”结束的过程，我觉得这是个“回忆之旅”。我会讨论到在治疗中所取得的收获，即年轻人在工作过程中发展和内化的积极特质。我们也会一起思考未来，预估结案的焦虑以及新的挑战。

我也不得不在和孩子们的关系中放手。尽管一开始我可能不那么喜欢某些人，但通常我会变得很喜欢他们，因为如果不在这段关系中投入大量精力，心理治疗就不可能很好地发挥作用。我怀着复杂的心情走向结束：对于一些悲伤和焦虑，如果取得了相当大的进展，那我也会感到宽慰和自豪。我通常会鼓励他们自己决定如何度过最后一次会谈，也许可以玩一个熟悉的游戏或者活动。习惯上，我会允许孩子们把自己的画作带回家，我也常常建议孩子选择一个熟悉的游戏材料带回家。孩子们常常会选择最意想不到的东西—— 一个小球、一个小动物，或者一些胶带。我有时会主动为他们做一张告别卡，作为在最后一次会谈结束后带回家的有形物品。尽管事实上我是个糟糕透顶的艺术家，他们通常在这个阶段都明白这一点，但我在卡片上画了一个熟悉的玩具或游戏，里面有我对未来的美好祝愿，这是我告别的方式。

我们可以灵活安排一次或者多次后续的治疗会谈，如果这能帮助年轻人及其家庭更有信心面对未来的话。在治疗工作的基础上，看到年轻人在 6 周或 12 周后回来，也会让治疗师感觉安心。我以一种不像治疗会谈那么正式的方式来进行这些随访，鼓励他们告诉我上次会面后的情况。我发现，如果有任何需要表达的担忧，会在这些开放的讨论中自然呈现。

持续的变化：睡眠者效应

心理治疗的顺利结束会让人对未来充满希望。过往丧失和缺憾等感受的解决，给了年轻人继续前行去建立新关系的情感空间。最近的研究证实了心理治疗的一个迷人之处在于睡眠者效应（Midgley & Kennedy，2011）。后续研究表明，治疗获益在心理治疗结束一年后最为明显。从长期来看，这种改善是持续的，甚至是与日俱增的，那些在儿童或者青少年时期接受过心理治疗的成年人，在多年后仍然能感受到心理动力学疗法的益处。这可以用一个事实加以解释，在治疗结束后的头三个月里，患者正在处理丧失和改变，但下一个阶段带来了一种新的自信，因为这些进展融入到了患者的自我意识中，从而增强了他们建立新的更好关系的能力。正如一个女生在一张道别卡片上所写的："心理治疗曾帮助我成长，非常感谢，你帮助我走在正确的道路上……"

参考文献

Bowlby，J.（1960）Grief and mourning in infancy and early childhood. *Psychoanalytic Study of the Child* 15：9–52.

Lanyado，M.（2018）Complex traumatic childhood losses：Mourning and acceptance，endings and beginnings. In M. Lanyado（ed）*Transforming Despair to Hope: Reflections on the Psychotherapeutic Process with Severely Neglected and Traumatised Children*，pp. 51–66.

London and New York：Routledge.

Midgley，N. & Kennedy，E.（2011）Psychodynamic psychotherapy for children and adolescents：A critical review of the evidence base. *Journal of Child Psychotherapy* 37（3）：232–260.

O' Shaughnessy，E.（1964）The absent object. *Journal of Child Psychotherapy* 1（2）：34–43.

Robertson，J. & Robertson，J.（1953）*Young Children in Brief Separation*. Five films including 'John，17 months，for 9 days in a residential nursery'（Robertson Films），available from Concord Media，London.

An Independent Practitioner's Introduction to Child and Adolescent Psychotherapy

第三部分

与处于危机中的儿童青少年及其父母的治疗工作

第 11 章

私密会谈：与患有精神疾病以及脆弱父母同住的儿童和青少年的治疗工作

“私密会谈”是一个关于年轻的照顾者如何照顾患有精神疾病的父母的会谈的名字，它记录了孩子们及其家庭成员在努力照顾父母时的孤立状态，他们的父母要么患有精神疾病，要么因为早期创伤和虐待容易受到压力影响而变得崩溃。

通常来说，人们不会留意到父母患有精神疾病的孩子们的感受。与精神疾病相关的污名，以及所有相关人员经常感受到的耻辱感，是不会被公开讨论的。只有在危急关头，人们才会寻求帮助。直到父母的痛苦变得很严重时，人们才可能察觉出父母的脆弱。然后，这种痛苦可能会变成临床上的严重抑郁症或躁狂、自杀企图、药物依赖、酒精依赖或反社会行为。与此同时，人们可能还是不会看到孩子的痛苦，除非孩子变得具有破坏性或无法在学校学习。安静的孩子很可能会被遗忘，而发脾气的孩子会得到关注。然而，人们可能会把这种行为视为“寻求关注”或调皮，而不会把它看作孩子对家庭无法承受的压力的反应。

许多孩子并不愿意告诉老师和朋友家里发生了什么，想要隐藏家庭生活的那个部分。因此，他们会感到孤独，不同于同龄人，不能谈论他们在家里的困难时光。然而，对于那些家庭生活充满压力和责任的孩子们来说，学校可以成为他们真正的避难所。

在这一章中，我将讨论在患有精神疾病的父母或脆弱的父母身边长大的儿童和青少年的感受，以及治疗工作是如何帮助他们的。然后我会思考父母需要怎样的支持，以及专业团队应该怎样去提供协调一致的回应来帮助家庭维系他们的生活。

孩子的经历

想象一下，约八岁的女孩乔站在厨房里，面对着妈妈，妈妈脸上有一种孤僻、焦虑而疏远的表情。妈妈的情绪越来越低落，乔感到愤怒、恐惧和绝望。她想象着接下来几个月的生活。妈妈可能变得更加孤僻和沉默，被强行送进医院，送到可怕的破旧的精神病院的急诊病房。乔绝望了，她想知道如何阻止自己的家庭陷入另一场不可避免的危机。她感觉很孤单，也很想要负起责任。没有人来帮助她，没有人来安慰她，也没有人来帮助她控制她的恐慌。爸爸在上班，姐姐在自己房间，而弟弟只会哭。她试着告诉妈妈去看医生，多拿些药。乔想对妈妈大喊大叫，好让妈妈控制住自己，在一切还来得及之前照顾好自己，但她知道大喊大叫只会让妈妈更沉默。当妈妈茫然地看着她，几乎是在恳求她，问她“我该怎么办”时，这激起了乔的愤怒和仇恨。她不再想要帮忙了。妈妈明知道她自己需要帮助，那她为什么不去寻求帮助呢?

这一切都发生在早上。乔去上学了，当她回来时，发现爸爸已经下班回家，并带妈妈去了医院。乔意识到她甚至还没有和妈妈道别。等待的痛苦和不确定性很快就会过去，爸爸、哥哥、姐姐现在可以放松下来，她的内疚感减轻了。她甚至可以出去吃鱼和薯条以及看电影，接踵而至的是这种内疚感减轻带来的罪恶感。她觉得自己是可恨的，她把妈妈赶出去是因为和妈妈住在一起太糟糕了吗？妈妈离开后的内疚感减轻之后，她是否有一种胜利的感觉？谁会爱上像她这样内心充满痛苦的人呢？没有人。她帮不了妈妈，孤独是最糟糕的。

于是妈妈开始了为期三个月的住院治疗。在这个小家庭里，爸爸虽然对另一件事感到绝望，但生活仍在继续。三个孩子默默地见证妈妈的变化，他们认识的温暖能干的妈妈变成了一个陌生的令人害怕的人，一个健康的妈妈变成了一个苍白的妈妈。

这是许多父母患有精神疾病的孩子的典型故事。这个家庭和其他类似的家庭一样，所能得到的帮助很可能是分散的，要么是成人心理健康服务，要么是儿童福利服务。作为儿童心理治疗师，我们关注孩子对支持和理解的需求，也许还有治疗干预的需求。然而，处于危机中的人是妈妈，专业的投入可能会集中在她身上，而孩子的情感需求则可能会被忽略。全科医生、心理治疗师和精神卫生工作者将迅速为妈妈组织危机治疗和护理。我希望他们也能为爸爸提供支持，以维持家庭生活。孩子们最迫切的需要是继续他们的正常生活：上学、见朋友、过有规律的家庭生活、保持饮食规律、穿干净的衣服和庆祝生日。当人们不确定如何帮助这个家庭的时候，他们往往会远离这个家庭，或者这个家庭变得封闭起来，孩子会变得孤立无援。孩子们可能会因为太尴尬而不愿意带朋友回家。

父母在急性发作期时，专业人员可能不会考虑危机呼叫前几周的紧张情绪，也不会考虑艰难的几个月后的缓慢恢复期对孩子的影响，所以他们就没有给孩子们提供帮助。

很多孩子们承受着与患有精神疾病的父母及脆弱的父母一起生活的压力。社会关怀卓越研究所（Social Care Institute for Excellence）2011 年发布的报告《想想孩子，想想父母，想想家庭》（*Think Child, Think Parent, Think Family*）中收集了研究中得到的证据。研究报告表明，在一个 26 名小学生的班级中，有 6~7 名学生与有心理健康问题的妈妈生活在一起。在 2001 年的人口普查中，有 5 万名儿童需要照顾有心理健康问题的父母。五分之一的成年人在其一生中会患上精神疾病，其中四分之一的人将成为父母。养育子女会对成人的心理健康产生负面影响，且父母的心理疾病也会对儿童的心理健康和发展产生负面影响。

对成长中的孩子的情感影响

在治疗过程中，我观察了年幼的儿童，并与青少年交谈，发现他们的父母都患有精神疾病，这让我了解了很多他们的感受以及需要做的治疗工作。对于年龄较大的儿童和青少年来说，弄清父母的情绪困扰对他们发展的累积影响，可能需要一些时间。这些孩子们也许能应付自如，直到生活的某些方面遇上巨大的挑战。它们可能是青春期的情感剧变，友谊中遇到的困难，开始上中学或准备进入大学。这些经历能显示出孩子们潜在的不安全感和自信心不足，而不安全感和自信心不足可能隐藏在能干的外表下。

精神疾病这一术语涵盖了许多不同的情况，包括精神障碍，比如精神分裂症和与现实脱节的双相情感障碍、酗酒、吸毒成瘾和边缘型人格障碍。所有这些都会对父母的性格造成可怕的改变，这对无法理解父母的不安和痛苦状态的孩子来说是一种创伤。孩子们也会感受到，父母自身也非常害怕自己支离破碎的心理状况。即使是小孩子，也会经常试图安慰和照顾他们的父母。他们感觉到父母很害怕，却不知道该做什么。在父母的急性发作期，孩子可能会看到父母身上可怕的状况，但精神疾病也可能变成慢性痛苦，同样难以忍受。孩子们可能不得不成为父母的照顾者，而不是被父母照顾。

对情绪安全感的需要

对孩子来说，失去父母的照顾和关注，有时可能等同于被忽视，这是父母患病后最令人痛苦的事情之一。父母就在身边，但没有给予情感上的支持。如果父母是偏执狂，有时还会公开对孩子表达敌意。在父母动荡不安的内心世界里，可能会把孩子看作一个迫害性的人物。爱德华·特罗尼克及其同事（Tronick et al., 1975）在静止脸实验中，生动地展示了对婴儿热情温暖的回应有多么重要。在妈妈生病期间，妈妈的脸会变得僵硬和戒备，婴儿无法忍受这种冷漠，会停止注视，在绝望中退缩。在静止脸研究中，一个健康的妈妈面无表情、无动于衷地看着她的孩子。研究人员描述，在与妈妈进行了三分钟的“互动”后，婴儿会变得警惕起来，不断尝试吸引妈妈的注意，然后带着绝望的表情离开妈妈（这些视频可以在 YouTube 上看到）。

生病的妈妈（或爸爸）可能无法安抚自己的孩子，他们可能也无法将自己对迫害的偏执恐惧与对孩子的感知分开，亲子关系就会变得混乱和扭曲。孩子们对自己的看法非常消极，他们可能会为父母的不快乐而感到自责，而不会理解为其他原因。即使大一点的孩子在理智上知道这种敌对的反应是因为父母生病了，他们仍然会感到受伤和被排斥。我在心理治疗中见过父母精神不正常的孩子。父母精神不正常对他们的影响是，他们经常缺乏安全感，怀疑自己，而且总是担心事情会出错。最近的依恋研究报告中呈现了这种消极养育模式的影响（Martins & Gaffan，2000）。该研究表明，抑郁妈妈的孩子更有可能表现出一种不安全的依恋风格，要么是回避型，要么是紊乱型，这是对惊惶未定或令人恐惧的父母的反应，也是妈妈在孕产早期的抑郁经历招致的结果。孩子需要来自养育者的可靠的和有爱意的确认来培养自信。当一方父母的情绪受到干扰时，这种持续的情感关怀需要由孩子的家庭生活中的另一个重要的保护人物来提供。在一方父母生病期间，如果另一方父母、祖父母或者近亲能在孩子需要的时候出现，就可以给孩子提供支持并弥补积极关系的不足。

吉安娜·威廉姆斯（Gianna Williams，1998）在其书中描述了对那些接受了父母敌意性投射的青少年的工作。她认为，他们要么变得高度戒备，以抵御父母的痛苦感受带来的侵扰，要么似乎对这些负面感受没有做什么保护工作，他们将这些负面感受内化为外来的东西（即对自己来说陌生的东西）。她描述说，这群高度戒备的人由于害怕吸收任何东西，正在使用“禁止进入”的防御措施：

> 他们对被入侵和侵入的极端和弥漫的恐惧，与早期受迫害的经历有关，他们处在被认为是敌意性的投射的接收端。（Williams，1998：80）

当她和一位有厌食症经历的年轻女性一起工作时，她描述了一种接收投射的强烈的反移情。她认为这是一种警报，提示患者曾经接收了大量的投射。

吉安娜·威廉姆斯把这个与父母精神上有缺陷的年轻患者形成了对比。这些患者的父母遭受过创伤，他们通过投射出这些无法忍受的感觉，摆脱了精神上的痛苦、焦虑和愤怒。他们最亲近的孩子往往是接收方。她引用了比昂的话，说父母是“要么是被惊吓的，要么是吓人的，或者两者都有”，这些父母“可能表现出焦虑，而不是涵容它”。她继续道：

> 当投射进入一个孩子的心灵空间时，它们会被体验为有害的异物。这些父母需要摆脱自己的焦虑、精神痛苦和心中的鬼魂。这是容器和被涵容物之间关系的失败，我认为这甚至比造成无名的恐惧更严重，是涵容的失败。

这让我想起了一个六岁男孩的治疗，他的妈妈周期性地变得很抑郁，并有自杀倾向。

> 在他的咨询中，当他的妈妈情绪失控时，他似乎也在情绪上崩溃了，他再也不能建造塔和铁轨了，而这些都是他在之前的咨询中满怀希望地创造出来的。我试图理解这一点，我想是因为他的妈妈不再像往常那样鼓励和支持他，才使他失去了对自己的信心。他认同了她的无助，并为此感到害怕。

这种对父母的抑郁和痛苦的认同会对成长中的孩子产生自我毁灭性的影响。威廉姆斯描述了一个名叫丹尼尔的男孩，他和他的妈妈一样，患上了严重的厌食症，随后又发展为暴食症，从挨饿转变为暴食和呕吐。他说，他在治疗的早期重温了他妈妈生活的每一步，她告诉他，她确信他就和她一样。他被这个想法困扰，似乎忘记了自己的巨大成就。

威廉姆斯接着想知道，与被涵容的感觉相比，这些被内化的投射是否会对内部世界产生混乱的影响。她问道：

> 是否可以说，一个充满投射的父母有一种相反的功能，即对内部世界产生混乱的影响？（Williams，1998：95）

她说像丹尼尔这样有缺陷的患者唤起了她的反移情，她想帮助他分离和妈妈关系中积极和消极的方面。他正在寻求一种能力，让自己保持一种内在的组织感和结构感。他好像在说：

> 请帮助我从营养物中找出异物，帮我内化一个我自己的档案系统和组织系统。（Williams，1998：96）

这很好地描述了我和一个名叫乔纳森的青少年一起工作的经历，他和很有爱但情感脆弱的妈妈一起生活，妈妈抑郁过一段时间。

> 乔纳森和妈妈的生活一直不稳定，妈妈有过好几个伴侣，因为她发现自己很难维持亲密关系。乔纳森在16岁时开始寻求心理治疗。他说他很不开心，在学校很难集中注意力，也很难交到朋友。在心理治疗中，他发现很难找到合适的语言来描述自己和生活，他似乎不习惯谈论自己的感受。他的妈妈经常沉浸在自己的痛苦中，所以他没有体验过从共情的父母身上学会理解自己。

乔纳森想和同龄人打成一片，但他觉得自己与众不同，他的生活和他们不一样。他过着一种不安稳的生活，家里经常处于危机之中，从来没有安稳过很长时间。这些经历损害了他与别人建立关系的模式。他有时变得焦虑，有时变得回避，总是保持着戒备之心。他努力让自己的生活不受这种不可预测性的影响，维持学业的秩序，维持友谊，维持体面的形象，就像其他人一样。似乎没有什么特别的爱好能使他愉悦、兴奋或者让他摆脱家里的烦恼。

听了乔纳森的故事，可以看出来他缺乏自信的部分原因是他有在童年时期长期被忽视的经历，以及他生活中的不确定感。正如吉安娜·威廉姆斯提到的那样，被忽视和不确定感侵入了他的思维。当他难过时，他的思维会变得封闭或混乱。在几个月的时间里，治疗提供了可靠和安全的关系，他开始试探性地探索自己的感觉、愿望和焦虑。渐渐地，他从我们的治疗中内化出一种内在的结构感和秩序感，这使他有可能认识到自己是一个怎样的人。

儿童和青少年的治疗工作概述

乔纳森的故事表明，一个孩子如果在成长的关键期没有得到良好的养育，就会形成一个虚假的自我。孩子们可能表现得很好，但在内心深处，他们的情感很脆弱。当生活变得困难时，他们的自信心就会崩溃。然而，他们中的许多人可能很难接受心理治疗。心理治疗强调不同的感觉，而他们可能习惯了隐藏感觉，所以他们很难承认自己需要帮助。当他们认识到父母的疾病对自己的生活产生了负面影响时，可能会唤起他们难以处理的想法和感受。他们可能会对生病的父母感到愤怒，对其他看似正常的家庭感到嫉妒，对童年缺失快乐时光感到悲伤，但这些感受一直被晾在一边，因为这些看起来并不那么忠诚。

有些父母可能很有爱，但存在情绪失控的问题，在探索这些孩子的感受时，可能会让孩子内心产生冲突。识别这种冲突是建立治疗同盟的首要步骤。孩子们对治疗师的感觉可能是矛盾的。他们可能会希望得到支持，但也会对治疗是否能帮到自己持怀疑态度。孩子们可能会担心，把不愉快的情绪表露出来是不是会让家庭生活变得更加困难，尤其是当父母仍然患有精神疾病或处于脆弱状态时。

根据我的经验，孩子们首先会把目前的生活压力带到治疗中，再分享自己在交朋友或应对学校生活方面遇到的困难，然后才会分享对生活在患有精神疾病患者的家庭里的更深层次的焦虑。父母的痛苦和得不到父母支持的影响将逐渐在移情和反移情关系中显现出来。他们无法预测父母的心理状态，这很可能导致他们一开始对治疗师情绪状态的变化，对愤怒、悲伤或焦虑的迹象表现出顺从和敏感。这很有可能也会导致治疗师变得脆弱。随着时间的推移，他们可能会呈现焦虑、不安，甚至充满敌意的关系模式。孩子通常有一种控制治疗师的需要，以便防御早期的无力感，即当他们在依赖不能给他们提供可靠照顾的成年人时产生的无力感。

在治疗关系中，我们将有机会探索这些感受。孩子们可以安全地向治疗师就较小的“失败”表达愤怒，比如治疗师不记得更换玩具或艺术材料，只提供 50 分钟的治疗时间，或者总是在一个不合适的时间去度假。这些代表了孩子过去经历了更大的失败，而现在的治疗为其提供了一个机会，去探索无法向生病和脆弱的父母表达愤怒和痛苦的感觉。人们常常渴望有一个理想的妈妈或爸爸来弥补孩子在成长过程中经历的失望。作为治疗师，如果你不能成为这个理想的妈妈或爸爸，年幼的患者就会不可避免地感到失望。治疗师接受了他们的愤怒，但在某种程度上，他可能会暗示这些感受属于那些没有人可以提供安慰和照顾的时期。对于那些在家庭中艰难过活的孩子们来说，他们对关爱的需要可能曾被认为是软弱或不可接受的，但现在却可以被看作成长过程中必不可少的一部分。

儿童治疗师对孩子的被剥夺感的反移情很可能是希望弥补失去的母爱，也可能是认同了孩子对忽视他们患病父母的愤怒。这些感受可能是孩子未表达的情感的有效指示器，但你必须小心监控，以确保它们不会破坏你与其父母的关系。我们通常也会因为一个高度戒备和控制欲强的年轻患者对治疗的不屑一顾而感到愤怒和沮丧。我发现保持好奇但感兴趣的心态是保持平衡的一种方式。渐渐地，他们会发现，感觉到生气和沮丧、不同意治疗师的意见、与治疗师不同都是安全的。无论是在治疗环境中，还是在家庭环境中，更有安全感将使孩子在情感上变得更独立。他们在家庭环境中可能变得更容易退到一边，对患病父母的要求和困难采取更现实的态度。

孩子们在治疗中也会出现一种深深的悲伤和空虚感。这种悲伤似乎是对父母在孩子早期前语言发育阶段的抑郁的回应。安德烈·格林（André Green，1986）在其论文《死亡的母亲》（*the Dead Mother*）中谈到了儿童早期认同抑郁且情感上无法得到妈妈回应的负面影响，我认为这和孩子们在治疗中出现的悲伤和空虚感是相似的。

在接下来的内容中，我将更详细地探讨治疗工作，首先关注幼儿，然后关注学龄儿童和青少年。

与父母、婴儿及五岁以下孩子的治疗工作

在卡蒂·厄温（Cathy Urwin）的书中有关“社区产后抑郁的管理”（Urwin，2012：179）中，她写到了亲子心理治疗对易患精神疾病的妈妈的价值，令人感动。她提到了最近在伦敦市中心进行的一项关于母性和身份认同的研究。这项研究表明，在不同的种族群体和社会阶层中，生孩子会对女性的自我意识产生深远的影响。

她讨论了成为妈妈后经历的社交和情感转变，特别是：

> 存在性孤独。当妈妈经历了混乱，她不再是她原来的样子，也不确定她的新身份。（Urwin，2012：179）

研究表明，如果妈妈经历了其他重大压力，包括未解决的丧失、创伤和缺乏家庭支持，这些都会导致严重的产后抑郁症，这些困难会变得更大。

厄温（Urwin，2012：180）接着描述了一个社区项目，该项目旨在支持东伦敦一个以孟加拉人为主的社区的母亲，他们在社区中组建了一个资源丰富的团队，并与当地的成人和儿童护理服务机构密切合作，以防止母亲被送入精神病院。她举了一个在这个项目中她对两位母亲及其幼儿进行治疗的例子，说明了内部和外部压力的结合是如何导致母亲产后精神崩溃的。当她们的孩子无法在托儿所安顿下来时，两对母亲和孩子之间的分离问题就变得显而易见了，他们之间的关系变得令人担忧。母亲们感到抑郁、孤独，依赖孩子们的安慰，而这些年幼的孩子无法胜任这个角色。这些年轻的母亲曾在自己有需要的时候感到被自己的母亲遗弃了，她们无法理解孩子的吵闹和挑衅性的行为，这些行为在一定程度上是孩子们对痛苦的反应。然而，母亲认为这是拒绝和故意的反对，使得他们之间的冲突升级。厄温说，作为一名心理治疗师，她必须意识到在治疗过程中有三个“宝宝”需要她的照顾和保护（Urwin，2012：189），有真正的婴儿，有被新生儿的到来被推到一边蹒跚学步的幼儿，也有妈妈的婴儿自我。当妈妈被新生儿的需求压得喘不过气来时，当妈妈对自己不稳定的精神状态感到害怕时，哭着寻求爱和照顾的她也是个婴儿。

在之前讨论过的关于失去和分离的研究中［Bowlby，2005（1988）；Robertson & Robertson，1971］，强调了这种协调良好的干预的价值，这个干预能给整个家庭提供支持，不鼓励婴儿在住院期间与父母分开。罗伯逊夫妇的影片展示了短暂分离对年幼孩子的影响。孩子们太小，无法理解父母为何不在身边。回忆起影片中当妈妈不在时孩子们深深的悲伤，我不禁想，当他们的妈妈患有严重的精神疾病和住院治疗时，这些年幼的孩子会有多少次这样的体验？可能没有人会注意到他们在家里默默的难过和害怕。这件事对一个孩子来说是创伤性的，因为焦虑和痛苦具有压倒性，除非有一个近亲在旁边安慰她。孩子的这种早期经历会产生潜在的影响，损害他们的安全感，特别是当他们与父母的分离模式反复出现时。

当父母一方患有精神疾病时，另一位父母或亲戚提供安慰和安全感或替代照料是孩子情绪健康的重要保护因素之一。我们知道，婴儿可以与健康的父母、祖父母或其他亲近的成年人建立回应性的关系，同时也可以以回避的方式对一个孤僻、敌对或高度焦虑的母亲做出回应。当父亲承担起照顾孩子的主要角色一段时间后，他发现这是一个挑战，因为在孩子们感到焦虑和需要帮助的时候，他必须在情感上回应他们。我在下面描述了一个案例，即在妻子生病时，一个短程的亲子心理治疗是如何帮助萨米的父亲更适应他的孩子，并更理解孩子的举动。

对健康父母的支持：父亲 - 婴儿心理治疗

萨米那时 1 岁 8 个月，他的爸爸全职照顾他，而他的妈妈正在医院接受抑郁症的治疗。妈妈不在时，萨米变得愤怒而孤僻，爸爸不知如何安慰他。在第一次与父子见面时，我给萨米一些玩具让他玩，同时我和他爸爸交谈。在我们的谈话中，我知道了他没有向他的小儿子解释妈妈为什么不在家，他不知道说什么好。在我的鼓励下，萨米的爸爸找到了一些话讲给萨米听，他告诉萨米，妈妈身体不太好，但在医生的帮助下会好起来的，妈妈也很快就会回家。他以为萨米听不懂，但我们说话的时候，小男孩专心地听着。萨米走到热的暖气片前，把手放在上面，然后抽回来。萨米的爸爸很好奇他为什么要这么做，因为他觉得萨米应该知道他不该这么做。我们一起琢磨后发现，萨米想让爸爸知道的是，有时候他内心焦躁，自从妈妈去医院后，他非常生气。当我提出这一点时，萨米爸爸泪流满面，然后把萨米紧紧地抱着坐在他的大腿上，萨米依偎在爸爸怀里。他需要爸爸给他安慰和安全感，即使在他生气的时候，爸爸也是爱他的。这是他们在持续数月的心理治疗中开始以游戏为基础的对话的第一步。在妻子生病的几个月里，治疗为父子俩提供了所需的支持。

对潜伏期儿童的治疗工作

在第 4 章关于潜伏期儿童（学龄儿童）的讨论中，我强调了这个年龄的孩子家庭生活稳定的重要性，这样孩子就可以在学校和社区里集中精力发展技能和建立关系。如果孩子的父母患有精神疾病或者很脆弱，孩子就会担忧父母在家里的情绪状态，那么他们就不会关注外部世界。当孩子全神贯注于照顾父母时，角色往往会互换。通常情况下，以这种方式养育的孩子会习惯照看他们生病的父母，从来不敢在游戏或活动中迷失自我。这些孩子的心理年龄可能看起来比实际年龄大，肩上扛着本应属于成人的重担，而这可能会剥夺其生活中的率真和乐趣。我记得在卡塞尔医院的家庭部门工作时，有个七岁的小女孩向我询问她妈妈的治疗时间，并和我保证她的家人会准时参加家庭会谈。这是她在家里已经习惯扮演的角色，她觉得自己是家里唯一负责任的人。

这个年龄的孩子知道并认识到了他们父母的痛苦。他们通常会通过游戏和行为来象征性地交流经历，而不是用语言。儿童心理治疗提供了一个环境，让孩子可以和一个支持他们的成年人分享和处理这些经历，并给予安慰。

对父母痛苦的持续担忧和父母急性入院的创伤经历会以令人不安的方式影响

孩子的情绪状态，使他们可能会在学校或社区中被误解。孩子通常会在学校很难集中注意力，而且可能变得焦躁不安、调皮捣蛋。这些可能被视为不良行为，除非周围的成年人意识到家里的困难，并能给这些孩子提供额外的支持和理解。一位考虑周到的老师向孩子的妈妈建议，杰思罗可能会从心理治疗中受益。

我见了七岁的杰思罗，给他做评估。他的老师非常担心，因为他开始表现得很奇怪，拍着手在教室里跑来跑去。他的妈妈在丈夫死后精神崩溃，老师担心她的儿子也有精神问题。

我第一次见到杰思罗是在他妈妈的陪同下，当时妈妈正处在疾病康复期。他是个混血儿，妈妈是英国人，而刚刚病逝的父亲是加勒比人。他妈妈在缓慢的康复过程中，特别想知道如何帮助和保护儿子。妈妈是一个时装设计师，穿着得体，讨人喜欢，脸上布满了焦虑的灰色皱纹，眼睛里流露出惊恐的神色。儿子个头矮小，身材匀称。一开始他看起来忧心忡忡，但当他看到桌上的游戏材料时，就兴致勃勃地往前走。他看似在专心地玩着乐高，我却注意到他经常抬起头来。妈妈和我谈论她的担忧时，他一直用警觉的目光看着妈妈。

在评估中，杰思罗和我进行了三次单独的治疗。他用游戏中的角色创作了一个人和很多动物生活在农场里的故事。有一次，他描述了自己和父亲在这个农场的厨房里做牙买加肉饼的情景。他告诉我，他去医院看望父亲时，他和父亲有一个共同的梦想，那就是等父亲康复后，他们可以搬到乡下的一个农场，一起重建家庭生活。我意识到，尽管最近发生了危机，杰思罗的行为也令人担忧，但他还是有一个健康的自我和安全的自我意识，他遭受着父亲去世后母亲状态带来的创伤，他需要得到照顾和保护，直到妈妈康复。

当我和妈妈进行评估时，我们一致认为他最需要的是家庭支持，而不是心理治疗。妈妈安排他和奶奶住在附近，这样他就可以继续上学，而且上学的日子也能经常见到妈妈。

对这个男孩来说，他的妈妈、大家庭、学校和成人心理健康服务机构之间的合作确保了在妈妈患病期间母子都能得到支持，但实际的情况往往不是这样的。成人和儿童服务的分离意味着，父母患有精神疾病的孩子往往会被忽视，或者不同专业人士未经协商的干预可能会加剧这些家庭的困境。

正如罗斯玛丽·洛沙克（Rosemary Loshak）所言：

> 当涉及家庭的服务以这种分裂和缺乏协调为特征时，对脆弱父母的影响可能是增加焦虑，引发对侵入和失控的恐惧，并最终削弱不稳定的育儿技能。（Loshak，2012：9）

对于一名儿童心理治疗师来说，在面对像这样的脆弱家庭时，确保你与围绕家庭工作的团队紧密联系，分享对治疗中的孩子和其他家庭成员的担忧是特别重要的。有时，强烈的压力会导致无效的干预和对儿童需求的误解。

对青少年的治疗工作

在青春期，人们会开始寻求自我认同。那么，在患有精神疾病的父母身边长大的孩子们心中就会产生疑问：为什么这种事会发生在我的父母身上？我会患上精神疾病吗？我的孩子们也会患上精神疾病吗？我能做哪些改变让我的父母不再生病吗？

青少年经常上网寻求答案。网络提供了丰富的知识，但也可能产生误导，尤其是当青少年寻找这些饱含情感的关键问题的答案时。帮助青少年从父母的经历中分离出自己的生活故事将是治疗的一个关键点。依赖性的父母和支持父母的孩子之间可能会发展出复杂的密切关系，这可能会导致亲子关系变得融合和混乱。然后，青少年很难发现“自我”和“他人”的界限，而这些界限对青少年的个体化非常必要。

> 这正是13岁的年轻女孩桑德拉面临的困境，她的母亲患有严重的抑郁症。她父母把她带到我这里接受心理治疗，是因为她在学校里很害羞，经常被人欺负，不自信。这个问题很复杂，但她在心理治疗中表现出的是对母亲的认同。抑郁对桑德拉来说很熟悉，她经常感到痛苦，而她觉得愤怒在她的家庭中不可接受。她担心如果表达反对意见，就会使脆弱的母亲变得愤怒和沮丧。母亲一直孤僻寡言，一待就是几个小时。桑德拉往往是被动顺从的，她没有一个健康的模式来展示自信，表达愤怒或者调节悲伤。治疗的任务是帮助她开始忍受这些感觉，并发现自己想要什么。这一缓慢的自我发现过程逐渐让她更有信心，去应对脆弱的青少年时期在学校经历的嘲笑和欺凌。无论是在家里还是和朋友们在一起，她都开始享受更好的时光，因为过去的生活都被她的不幸蒙上了阴影。最重要的是，她的心理治疗得到了我同事的支持，帮助她的父母鼓励她变得更加自信和独立。

与桑德拉的治疗工作展示了在父母患有严重精神疾病的情况下长大的年轻人所面临的一些困难。在她的家庭里，大部分注意力都集中在生病的父母身上，她不习惯成为人们关注的焦点。起初，当父母试图帮助她时，桑德拉推开了他们，暗示他们过去没有意识到她需要支持。她很害羞，不愿分享自己的感受，因为她担心这会扰乱她感觉到的岌岌可危的生活平衡。心理治疗对我们俩来说都是一个缓慢而艰巨的过程。她对我很戒备，很容易误解我的暗示，她会立即为自己在治疗过程中犯的任何小错误向我道歉。在移情过程中，我很快就变成了在母亲急性发作期她经历过的那种咄咄逼人或者多疑的父母形象。过了好几个月，桑德拉才开始适应心理治疗，并开始信任我。然后她开始意识到，她对别人的轻视如何妨碍了她得到迫切想要的关注和爱。

温尼科特很好地阐述了消极的镜映过程，这个过程开始于幼儿发育的早期，当一个幼儿受到母亲不安的心理状态的威胁时，他认为这就与这个年轻人的整个童年都有了关系。他提出当母亲抑郁时婴儿的感受是这样的：

> 婴儿很快学会了预测："现在忘记母亲的情绪是安全的，我能随性而为，但母亲的脸随时都会变得凝固，或者她的情绪会占据主导地位，然后我的个人需求就必须要撤回，否则我的核心自我可能会受到侮辱。"当父母变得更不正常，且父母让婴儿非常担忧时，婴儿就会不堪承受，直到达到他应对能力的极限。在混乱的威胁下，婴儿会退缩，除了感知外，什么都不去留意，以此作为一种防御。（Winnicott，1971：132）

这种为了保护核心自我而退缩的需要，"除了感知外，什么都不去留意"，破坏了自我反思能力的发展，而这种能力将帮助年轻人在一生中了解自己。一个年轻人可能在智力和社交方面很有能力，但自我的核心可能很脆弱，因为他必须以这种方式隐藏起来。这就是温尼科特所说的虚假自我。他认为，在这个过程中，孩子的自发性可能会消失，随着孩子的成长，创造力也会丧失。

有时，青少年会发展出一种更容易自我毁灭的模式。青少年引发了危机，危机证实了他们的恐惧，而恐惧中的消极的信念又可以追溯到早期在家庭中的创伤经历。亚瑟就是这样，他的行为让他的父母和老师都很担心，因为去年他的状态越来越差。我接受邀请去给他做心理治疗评估。

> 亚瑟是一个 16 岁的聪明青年，他对父亲精神病发作的事记忆犹新。那时他还是个小男孩，父亲大喊大叫，把他吓坏了。他的父亲现在的情绪很稳定，与母亲的关系也更稳定了，但当亚瑟无法应付学业，感到沮丧时，这些记忆就会浮现出来。在这种情绪状态下，他开始不信任朋友，在朋友没有批评他

的时候还是会感觉到被批评。早年他在与父亲的关系中感到被拒绝和不被爱的体验，已经成了他内心世界的一部分，而他愤怒的叛逆又加强了这种感觉，现在又导致了更多的拒绝。他预期这种疏远也会发生在他的其他关系中，因此当老师或朋友看起来对他冷淡时，他就会感觉到拒绝，而不会想到他们可能只是忙于自己的事情。如果他的父母让他失望了，那就会激起他心中的对过去的愤怒，以及早期被剥夺和被拒绝的感觉。

尽管有这些困难，亚瑟还是想要了解自己最近喜怒无常的情绪以及与朋友相处和学习上的困难，所以他准备和我一起进入心理治疗。在治疗中，我们探索了他目前的困境和他早期的创伤之间的联系。他开始重新评估他对自己非常挑剔的看法，以获得一个更平衡的充满希望的形象。治疗帮助他更好地控制了自己的情绪波动，并对自己与他人的关系有了更现实的理解。

在青春期对自我同一性的探索鼓励了对过去的自我探索和重新审视。然而，对于那些照顾过抑郁或脆弱父母的青少年来说，与父母情感分离的过程可能更加困难。他们的内心可能会产生冲突，一方面他们需要变得更独立，并找到自己的自我同一性，另一方面他们觉得父母可能仍然需要他们的密切参与和照顾。或者，在自力更生这一关键步骤上，他们可能会失去信心。分离焦虑可能会在这个过渡阶段再次出现，因为早年走向独立的成长速度太快，以至于这些年轻人无法真正感受到安全。上大学往往会加剧这些恐惧，而这段过渡时期的治疗支持可以给一个因过于焦虑而不敢离家的青少年带来新的信心。

精神疾病对家庭的影响

一个家庭成员的疾病会以不同的方式影响每一个孩子和成人。之前提到的《想想孩子，想想父母，想想家庭》的报告强调了从整体上考虑家庭的重要性。它强调成人和儿童心理健康方面的社区服务需要密切合作，但也强调专业人员需要深入评估每个家庭成员的经历，以了解他们需要的支持。报告里提出了一些应该了解的问题，比如，这个家庭中谁在养育孩子？得到支持的家庭能否变得更加以孩子为中心？是否需要通过提供其他服务来保护儿童免受伤害？

作为一名儿童心理治疗师，我在与经历过创伤和精神疾病的家庭打交道时的经验是，这些经历可能会扰乱家庭动力，使关系陷入无效的模式中。在家庭治疗中，这些模式被称为一种冻结的叙事，一种唤起回忆的表达，这呈现了这些互动是多么地僵化和循环。在同一个家庭中，一个孩子可能会成为“问题孩子”，给所有人带来痛苦和愤怒；而另一个孩子可能被严格限制在“好孩子”的角色中，经常承担满足父母需求的责任。与父母一起工作的儿童心理治疗师可以帮助父母认识到这些动力，并考虑哪种治疗方法最有助于有效满足每个人的需求。也许一开始就与整个家庭合作，或者给父母提供支持，可能比跟认定的问题孩子单独进行心理治疗更合适，后者可能会证实这种帮助无效。涉及转介儿童的治疗，将家庭和父母的问题纳入考量，是很重要的一步。

对脆弱和痛苦的父母的治疗工作

保证儿童心理治疗取得良好效果的一个重要因素是，父母愿意去看看家庭危机出现时形成的消极模式。他们可以看到孩子的需求与自己的需求是如何发生冲突的。在与父母的初次会谈中，你可以探索孩子们的压力，以及他们的焦虑在日常生活的挣扎中是如何被忽视的。初次会谈能让你清晰地看到这些。如果父母能得到支持去改变家庭的重心，就能让孩子更不受父母疾病的影响，从而减少父母疾病对孩子的发展造成的长期情感伤害。

在卡塞尔医院与患有精神疾病或人格障碍的父母一起工作时，我看到了精神疾病和混乱的家庭生活是如何严重扰乱家庭的。同样，改变的潜力也显而易见。能预测结果的不是父母的病史，甚至也不是家庭破裂史，而是父母是否愿意去审视自己的养育方式和脆弱性，并承诺保护自己的孩子，满足他们的需求。父母心理治疗工作的目的是帮助他们发展自我反省能力，这被证明是父母和他们的孩子能收获长期良好结果的最佳预测因素。

在这种住院环境中，父母们有自己的心理治疗，在那里他们能够探索他们混乱的过去，看到混乱的过去是如何影响他们与孩子的关系的。然后，他们能够收回投射出去的恐惧、愤怒和焦虑，而这些投射出去的情绪一直困扰着孩子们。一位曾与伴侣有过暴力关系的母亲认识到了自己的过度反应，甚至能够预测自己在与儿子的关系中也会产生冲突，因为她偶尔在烦躁不安时，不能把儿子和她的前伴侣区分开。另一位遭受过性虐待的母亲，看到了自己对女儿性取向和安全的焦虑是如何侵入了女儿的生活的，当女儿想出去见朋友或过夜时，她变得害怕，并有控制欲。

这项工作旨在帮助父母认识到他们的疾病对孩子的影响，并在孩子受到干扰的地方修复和重建关系，这是家庭康复的首要步骤。在社区中与脆弱的父母进行类似的工作时，明确他们需要改变的生活领域是很重要的。这种开放可以建立一种联盟，确保一旦治疗工作开始，孩子开始坚持自己的观点，儿童治疗师就能得到父母的支持，否则就会有这样的危险——当孩子们寻求更多的独立时，父母对改变的焦虑可能会破坏这种进步。

也许用孩子们自己的声音来结束这一章是最有帮助的。研究人员采访了三个市中心区的青少年，他们的父母患有精神疾病（Bromley et al.，2012）。很多参与研究的青少年都是照顾者。研究者问及他们的生活经历以及需要什么帮助。这三个青少年都谈到了日常生活中的痛苦挣扎，谈到了自己的焦虑，并希望更多地了解父母的精神疾病。一些人担心寻求帮助可能会导致自己被社会工作者照顾。他们还强调专业人士认可自己生活中的积极方面和适应力对自己很重要。他们希望在帮助家庭应对的过程中感到被支持和获得自信，并在需要时得到实际的帮助（Loshak，2012）。

参考文献

Bowlby，J.（2005［1988］）*A Secure Base: Clinical Applications of Attachment Theory*. London：Routledge.

Bromley，C.，Hadleigh，L. & Roe，A.（2012）Living with a parent with mental health needs：What children say. In R. Loshak（ed）*Out of the Mainstream: Helping the Children of Parents with Mental Illness*，pp. 14–30. London：Routledge.

Green，A.（1986）The dead mother. In A. Green（ed）*On Private Madness*，pp. 142– 173. London：Hogarth Press. Translated by Katherine Aubertin from 'La mère morte'，*Narcissisme de vie, narcissisme de mort*，Paris：Éditions de Minuit，1983.

Loshak，R.（2012）*Out of the Mainstream: Helping the Children of Parents with Mental Illness*. London：Routledge.

Martins，C. & Gaffan，E.A.（2000）The effects of early maternal depression on patterns of infant–mother attachment：A meta-analytics investigation. *Journal of Child Psychology and Psychiatry* 41（6）：737–746.

Robertson，J. & Robertson，J.（1971）Young children in brief separation：A fresh look. *Psychoanalytic Study of the Child* 26：264–315.

Social Care Institute for Excellence.（2011）*Guide 30: Think Child, Think Parent, Think Family: A Guide to Parental Mental Health and Child Welfare*. London：SCIE.

Tronick，E.，Adamson，L.B.，Als，H. & Brazelton，T.B.（1975，April）. Infant emotions in normal and perturbated interactions. Paper presented at the Biennial Meeting of the Society for Research in Child Development，Denver，CO.

Urwin，C.（2012）Managing post-partum depression in the community：Who cares for the babies? In R. Loshak（ed.）*Out of the Mainstream: Helping the Children of Parents with Mental Illness*，pp. 178– 191. London：Routledge.

Williams，G.（1998）Reflections on some particular dynamics of eating disorders. In R. Anderson & A. Dartington（eds）*Facing It Out: Clinical Perspectives on Adolescent Disturbance*，pp. 79–98. London：Taylor & Francis.

Winnicott，D.W.（1971）Mirror-role of mother and family in child development. In D.W. Winnicott（ed）*Playing and Reality*，pp. 130– 138. Harmondsworth：Penguin，1985.

第 12 章
与父母分居或者离异家庭中的孩子的治疗工作

稳定的家庭会支持和保护孩子。这种支持和保护可以帮助孩子渡过困难的生活事件，因为家庭中的经验分享能带来一种联结感。当父母分开或离婚时，这种保护就被破坏了，许多孩子在家庭生活中会经历一段失去亲人、陷入冲突和不确定的时期。根据国家统计局（the Office of National Statistics，ONS）的数据，2012 年，英格兰和威尔士有 42% 的婚姻以离婚告终，而这其中有 48% 的婚姻涉及 16 岁以下的孩子（ONS，2014）。大多数父母都努力把这种分离对孩子的影响降到最低，而调解服务鼓励以一种无冲突的方式来处理离婚，把孩子的需要放在讨论的中心。离婚后良好的共同养育联盟是孩子获得良好发展的有力预测因素（Sobolewski & King，2005）。然而，据估计，大约 20%~25% 的离婚父母仍处在冲突型的共同养育关系中。他们经常发生冲突，而且他们无法把共同抚养孩子的角色从他们与前任伴侣的麻烦关系中抽离开来。他们怒气冲冲，孩子就会成为他们冲突中的工具（Hetherington & Kelly，2002）。

作为儿童心理治疗师，我们看到了许多儿童和青少年无法应对父母分离的痛苦。外部世界的崩溃会对他们的内心世界产生毁灭性的影响，重塑着他们看待自己、父母和家庭的方式。在这一章中，我将探讨当父母的分离充满冲突的时候，年轻人该如何回应，以及治疗工作如何能帮助他们从这种经历的影响中恢复过来。我也会思考父母的观点和治疗性支持的价值，以便帮助他们保护孩子免受离婚的痛苦。

当我开始对离异或分居父母的孩子进行治疗工作时，我试图让父母双方都参与进来，帮助他们重建围绕孩子的同盟，鼓励他们参与父母的支持工作。在与我的家庭治疗同事卡罗琳·彭尼（Caroline Penney）合作的过程中，我认识到了这种方法的价值。无论父母是在一起的还是分开了，她努力让父母经常来参与会谈，努力让父母思考他们如何能支持孩子度过这段困难的时光，这也让我能够专注于痛苦的儿童或青少年的需求。这对父母可能多年前就分居了，借助与家长的会面以及孩子在心理治疗中的回忆，我们回顾了这段时间。我们了解了这个家庭是如何重建的、继父母面临的挑战，以及同父异母/同母异父兄弟姐妹之间建立新关系的压力。

婚姻冲突和离婚对孩子情绪的影响

孩子们对父母分居的理解会受到他们的年龄和发展阶段的影响。这将影响他们对当时事件的看法。三四岁的孩子特别关注与父母的关系，对异性父母有恋母/父情结。当他们沮丧时，他们很难处理自己的愤怒。在这个年龄，孩子们看到的一切都与自己有关，他们相信自己是世界的中心。当父母发生冲突时，他们觉得自己对父母的不快和愤怒负有责任。无论父母给出什么样的合理解释，他们对父母关系破裂的解释都将受到这种世界观的影响。

孩子也很容易受到丧失和改变的伤害，因为他们仍然如此依赖家庭的安全和爱。当父母的冲突变得极其激烈时，他们的分离会给孩子带来创伤，让孩子们无法承受。下面是桑德拉的经历。父母分居时她才 3 岁，我在她 11 岁的时候开始对她进行治疗。

当她父母带她来接受一周一次的治疗时，她感到愤愤不平、郁郁寡欢。她在课堂上表现得粗鲁和蛮横，曾被学校短暂开除过。多年来，她的父母因离婚而陷入旷日持久的法庭斗争，但她对他们俩都非常忠诚。当她去他们各自的家时，她觉得自己仍然是他们冲突的中心。面对这种进退两难的局面，她的解决办法是首先把愤怒集中在她讨厌的学校和那些“不尊重别人”的同学身上。但她也在攻击自己的能力，甚至拒绝学习她在学校里感兴趣的课程。她的不良行为影响了她的父母，迫使他们沟通甚至需要参加校长的联席会议。

桑德拉接受了来做心理治疗的想法。她对我很有礼貌，但她对我说的任何话都不屑一顾。在每周的心理治疗中，她利用沙盘里的人物创作出无数的故事。故事的主角是一名恐怖分子，因为杀害家人而被军队抓获，并被关起来严刑拷打。他逃脱了，但总是被找到，然后又被囚禁起来。我觉得我是一个无用的旁观者，看着她的沙盘游戏，但桑德拉从来没有错过一次会谈，所以我想这些游戏一定对她有某种意义，虽然我还不确定是什么。

我渐渐明白桑德拉的故事是她内心想象世界的再现，在这个世界里，她不断地惩罚自己，因为她毁掉了自己的家庭，我开始和她谈论我在她的故事里看到的东西。恐怖分子经历了痛苦，逮捕他的人对他很残忍，而他们似乎很享受虐待这个恐怖分子。最后，我觉得是时候看看她是否允许我把这个故事和她自己的故事联系起来了。我说她似乎觉得自己应该为破坏家庭负责，所以她觉得自己应该受到惩罚。令我吃惊的是，她竟然直截了当地接受了这个想法。她告诉我，她记得那天她爸爸离开家，她妈妈哭了。这是她第一次允许自己难过，我看到了她比以前更温柔的一面。我发现喜欢桑德拉并不容易，但现在我开始喜欢她了。

桑德拉的游戏显示了敌对的父母对孩子的影响，她为父母长期痛苦的分离而感到怨恨和自责。她相信他们是因为她而吵架，是她导致了父母分开，是她使他们之间的争斗持续下去。在她的内心世界里，她的生活一直伴随着父母的争吵不休。她不记得自己曾经是在爱意中孕育的孩子，一个非常被期待的孩子，而她父母也忘记了这些。

我的同事与家长的工作，跟我的个体心理治疗一样重要。桑德拉在两个家庭里生活。我的同事鼓励桑德拉的父母采取相似的方法，为她的愤怒行为设定严格的界限，同时也试图理解是什么导致了她的情绪爆发。她和父母一起思考了他们的育儿策略，建议他们奖励她的合作时刻，并确保他们每个人都单独为她留出一些愉快的个人时间，家里的其他兄弟姐妹不在场（关于育儿策略的进一步讨论见Penney，2017）。在治疗的后半部分，父母同意和桑德拉一起参加一个联合会谈，与她谈论他们的离婚，讲清楚事实并解释到底发生了什么。他们谈到是彼此的不愉快和愤怒才导致了离婚和法庭上的争斗。他们说他们俩都继续爱着她，从没想过让她受苦。桑德拉听了他们的叙述，看到他们对彼此的体贴和对她的关心，感到很感动和宽慰。

> 与此同时，在治疗中，我看到桑德拉已经开始原谅自己和她的父母多年来的痛苦。她的游戏变得更人性化了。现在罪犯有了监狱，而不是只能接受酷刑和死刑，并且罪犯还有改过自新的机会。我从她父母那里听说桑德拉在学校已经开始表现得很好，因为她现在可以允许自己成功了。老师们赞扬了她在艺术和历史方面的天赋，以及她在体操方面的技巧。这种竞技体育的乐趣取代了他们以前见过的危险越轨行为。桑德拉也开始与父母的新伴侣及他们的孩子建立更友好的关系，这意味着她在两个家庭里都感到更放松。在这段漫长的治疗期结束时，父母已经克服了离婚带来的一些创伤，桑德拉对自己及其与他人的关系也有了新的、更积极的认识。

回顾过去，我看到正是这种父母支持与儿童心理治疗并行的过程，以及我们在这项工作中的密切合作，使改变成为可能。在父母能够和解并有效沟通之前，虽然我们的工作是分开的，我认为这对父母会把我们看作一个把家庭成员团结在一起的反思性的养育集合。

父母的冲突经历及其对孩子的影响

有些父母因监护和探视问题而卷入长期而痛苦的法庭斗争，在跟他们的孩子进行心理治疗时，受迫害的痛苦和感觉对家庭生活各个方面的渗透显而易见。在阅读了尼克·米奇利（Nick Midgley）及其同事最近的研究（Target et al.，2017）后，站在父母的角度会更容易理解这一点。有研究显示这些父母在法庭斗争中经历了巨大的痛苦。访谈描述了他们的极端心理状态——愤怒、嫉妒、受伤和绝望，尤其是当孩子去看望另一方父母时。当父母被卷入一场旷日持久的离婚官司时，他们感受到的那种强烈的、几乎令人发狂的情绪似乎破坏了他们的理智，而他们在生活的其他方面表现良好。离婚后，强烈建议孩子与非同住的父母继续保持联系。但在现实中，这可能很难维持。对于一对夫妻来说，在情感上分开是很困难的，既要处理结束一段关系带来的损失和愤怒，又要对孩子的需求保持理性。孩子们可能会在纠纷中迷失方向，尽管他们是法律冲突的核心问题。

父母之间也存在竞争的危险，如探视时间的输赢之争都可能成为他们关系中冲突的延续。父母们描述了一种失去控制的感觉，特别是那些不再和孩子生活在一起的父母。这些斗争会在父母和孩子的生活中占据多年的时间，使他们很难关注孩子的需求。孩子们会觉得自己身处父母争斗的漩涡中，努力维护和平。他们试图保护父母双方，但往往过早地被迫扮演成人的角色。

在研究访谈中，一些家长描述他们如何管理冲突来确保相互的沟通是正式、有界限且维持在最低限度的。他们还表示，在分居和与伴侣发生冲突后，就对自己养育孩子的能力失去了信心。他们在这段时间里常常希望得到一些支持，但又担心如果向心理治疗师这样的专业人士寻求帮助，就得像在法庭上一样为自己辩护。

从丧失中恢复：对父母离异的孩子的心理治疗工作

10 岁的彼得被父亲带去做心理治疗，因为他大部分时间都不开心和焦虑，而且非常孤僻。他发现自己很难交到朋友，也很难专心学习。他的姐姐比他大一岁，比他更自信、更聪明，但对老师来说，姐姐很粗野，很难对付；而他则是个文静的孩子。在学校里，除了经常感到疲倦和心不在焉外，大概没有人注意到他的不快乐。老师认为他的智力比他表现出来的要高。

四年来，我每周给彼得做一次心理治疗。他与父亲以及父亲的新伴侣住在一起，工作日和周末的某个晚上他就去看母亲。他三岁时父母就离异了。他的父母之间存在着一种无声的敌意，尽管他们已经就财务和探视约定达成了一致意见，并且一直在遵守这些约定：

> 我还记得我和彼得的第一次见面，就像透过玻璃看一个孩子。我和他没有感情上的接触。他在桌旁坐下，脸绷得紧紧的，肩膀垂着。他同意写一个故事，然后配图。这是一个关于一只孤独的兔子的故事，它想要联系在山另一边的友好的马。他告诉我，兔子能听到马的嘶鸣，但它够不着马，就像他肯定觉得我够不着他一样。随着治疗的进行，我经常会陷入深深的困倦中，努力保持清醒。我和别的孩子工作时偶尔也有过这样的经历，所以我知道这是我对他压抑的痛苦感受的反应，他不惜一切代价与我保持距离。彼得已经成为一个顺从和孤僻的年轻人，避免任何冲突，但这让他感到很空虚和孤独，我想他在学校的同学会觉得他很古怪和笨拙。
>
> 对彼得的治疗是一个非常缓慢的过程，因为他不愿意面对他多年来压抑

的痛苦和冲突的感受。渐渐地，他告诉我，他多么渴望早点和家人幸福地生活在一起，这可能只是一种幻想。他开始试探性地对他在家里与父亲和继母的生活发表一些负面的或挑剔的看法。我听说他会因为一些小小的失望而生气，比如晚饭没吃好，然后他会一连好几个小时一言不发。我松了一口气。彼得开始让自己有了感受，开始坚持自己的主张。他的父亲体谅他，采取了宽容的态度。彼得非常担心父母中的一方会生病。我想他的担心可能是他对现在浮出水面的愤怒的一种反应，也可能是他对自己害怕在某种程度上伤害父母的一种反应。在漫长的心理治疗过程中，当他开始意识到一直压抑着对父母分开的愤怒和悲痛时，他活了过来，也更善于表达了。随着他对感受的防御性压抑的解除，我在会谈中不再感到困倦，对以前被切断的自我的情感整合使自我和社会性发展得更好了。他开始对家庭以外的生活产生兴趣，和朋友聚会、踢足球。我还注意到，他看上去更像个青少年了，这是他以前从未想到的。

和解的幻想

当我读到洛尔等人（Lohr et al.，1981）的一篇文章，探讨父母分居或离婚后孩子们产生和解幻想的原因时，我想到彼得渴望与父母拥有一个理想的过去。孩子们否认父母永久分居的事实，希望他们能以一种充满爱意的关系重新在一起，而不是处在导致离婚的冲突中。作者认为否认是一种自然反应，也是一种原始防御，保护孩子免受父母分开时经历丧失和不确定的痛苦情绪，但这阻止了孩子接受现实。作者写道：

> 和解幻想可以使自我以自己的节奏消化所经历的精神创伤。这可能是对痛苦情感的正常和适应性的反应，也可能是受到与丧失和家庭解体有关的内

> 聚性自我感（cohesive sense of self）冲击的反应。如果它持续一段时间，它可能会干扰自我的进一步发展，并导致未来客体关系的匮乏。（Lohr et al.，1981：125）

孩子们可能会隐藏这种否认，因为他们“知道”真相，他们不希望自己的幻想暴露出来，所以孩子们的幻想常不被认为是现存问题的一部分，但它可能会在儿童的幻想游戏中显现出来。

作者提出了几种孩子们可能会坚持这种和解幻想的情形。如果父母分居，但无法在情感上分开，或者父母的新恋情失败，孩子们就会重新燃起希望他们的父母复合的愿望。他们还认为，如果像彼得和桑德拉这样的孩子在父母离婚时处于性心理发展的阶段，当他们认为自己应该为父母的分手负责时，内疚就会驱动他们的愿望。他们引用了沃勒斯坦和凯利（Wallerstein & Kelly，1976）的研究，研究表明这种责任感在当时正与恋母情结做斗争的学龄前儿童中尤为强烈。如果父母一方的离去使孩子处于恋母情结的胜利者的位置，得意扬扬地认为他或她现在拥有了另一方父母唯一的爱，那么内疚的感觉可能会增加他们想要与父母和解的需要。

作者认为，另一个重要因素是孩子成长过程中身份认同模型的缺失，特别是当同性父母离开时。

> 对许多孩子来说，失去亲人是一种自恋的伤害，可能会降低他们的自尊，让他们觉得自己受到了伤害，变得一文不值，不再可爱。这可能是一个主要因素，使人们一直认为创伤没有发生（否认），或者认为创伤是可逆的，从而避免了自我受损或被拒绝的感觉。和解幻想为孩子保留了父亲的重要特征（当他们分开生活时），所以他可以继续内化的过程。（Lohr et al.，1981）

缺席父亲的影子

在绝大多数情况下，母亲承担着对孩子的监护责任（Braver et al.，1993），而且往往与父亲失去联系。对于男孩来说，这可能会导致他们对自己作为男性的未来感到焦虑，特别是如果他们在父亲的负面形象中长大，或者如果有家庭虐待，他们会记得父亲的暴力行为。危险在于，在没有其他选择的情况下，孩子会认同这种消极的父亲形象。一个男孩可能会重复对母亲发怒挑衅的行为模式，他将这种行为与父母之间的关系联系起来，这对他们双方来说都是相当可怕的。这让成长中的男孩陷入了巨大的冲突，他想要保护他爱的母亲，但又无法管理自己的攻击行为。父亲的缺席使母亲和儿子之间没有第三者介入，来帮助他们在情感上完成分离。这可能导致母子关系陷入紧张，儿子排斥母亲的所有新男友。

在孩子的心理治疗和父母支持工作中，重点应该是帮助男孩和他的母亲在情感上分离，让他们每个人都能发展自己与他人的关系。通常治疗师会在治疗过程中严格限制孩子的暴躁行为，因为孩子与母亲之间强烈的情感关系很可能会以移情的形式重复发生在孩子与治疗师之间。与此同时，孩子也需要帮助，用语言表达出这些情绪爆发背后的痛苦、困惑和愤怒。

七岁的杰克曾遭遇过这些问题。他是一个活泼聪明的男孩，由他的单身母亲带大。他告诉我，他想要借助心理治疗来帮助自己消除愤怒，因为他太容易和母亲或学校里的男孩争吵起来了。杰克两岁时，父亲就离开了家，这是让他唯一感到不安的一段记忆。在心理治疗过程中，他努力想弄清楚自己会成为什么样的人。他缺乏正面的内在父亲形象模型。在他的治疗过程中，他不断地演绎善良和邪恶的男性战士之间的战斗，仿佛在努力接受潜在的不同的自己。

他的母亲有一个体贴的伴侣，但杰克发现自己很难接受。杰克和母亲关系亲密，且可能对母亲有着过分的保护和控制。他对任何侮辱他自尊的事都很敏感。如果他在学校受到挑战，就会做出激烈的反应。杰克的母亲足智多谋、意志坚定，即使发现治疗很困难，她也鼓励杰克去接受治疗。在与我的移情关系中，杰克时而因要求我但我坚持自己的立场而愤怒，时而又极度渴望亲密。渐渐地，他能够触及自己内心深处的激怒母亲的内疚感，也能够触及他希望有一个慈爱的父亲帮助自己成长的愿望。他开始对父亲感到好奇，想知道他到底是个什么样的人。他开始思考，如果“爸爸妈妈都很幸福”，生活会是什么样子的。他认识到自己想要并且需要一个父亲的形象，认识到这一点让他有可能与母亲的新男友建立更积极的关系，而母亲的新男友也与他建立了友谊。杰克开始和他一起骑车旅行，他们还会在车库里一起修理汽车。

对离异父母的孩子来说，哀悼的过程包括修通许多丧失。他们失去了曾经熟悉的家庭，而这个家庭曾是他们生活的中心，也是他们赖以获得安全感的地方。通常来说，父母是给孩子们提供支持的人，但离异后当孩子需要他们时，他们可能在情感上不能提供支持，因为他们自己也正经历着分离时的悲伤过程。如果父母找到了新的伴侣，可能还有了自己的孩子，那么所有这些因素都会给创建一个新的重组家庭带来巨大的挑战。

与继父母的心理治疗工作

治疗性支持对试图与继子女建立关系的继父母是有帮助的。当继父母发现，尽管自己尽了最大的努力与伴侣的孩子建立联系，他们还是会被拒绝。发现这一点时，他们可能会震惊。他们可能觉得自己永远都配不上孩子心目中离开的父母的理想形象。如果孩子仍然一直想着离开的父母，那么失去父母的负面情绪就会投射到新的继父（母）身上。在孩子的心目中，继父（母）就会变成童话故事中

“邪恶的继父（母）”。接受这一点是很痛苦的，会给新婚夫妇的关系带来很大的压力。对继父母来说，认识到这个熟悉的模式是一种解脱。孩子们正在努力克服失去亲人带来的悲痛和愤怒，而这些主观感受影响着他们对新的父母的所有反应。只要有时间和耐心，孩子们就会恢复，并能够发展新的依恋关系，而新婚夫妇可能需要在这段时间内经营好他们的新关系。

一个年轻人对心理治疗的思考

我之前提到过那个父母离异的年轻女孩桑德拉，在她结束心理治疗几年后，她又来找我进行了几次治疗。她想在上大学之前联系下我。我问她现在如何看待我们的治疗工作，以及是什么起了作用。她说记得自己刚发火的时候，“那时候她已经不是自己了”。她看不清任何东西，因为当时她又生气又受伤。她说在心理治疗中逐渐意识到父母的离异不是她的错，这让她对自己感觉更好。她说现在对自己的情绪有了更好的理解，尽管有时这些情绪让她烦心，但她现在觉得自己有信心克服这些情绪。她说现在回想起来老师和学校其实也没那么差，觉得自己比班上其他女孩都成熟，因为她经历了太多的家庭纠纷，所以现在她们都向她寻求建议。

结论

对于经历父母分居的年轻人来说，有许多潜在的风险，特别是如果这种分居持续时间很长，而且父母之间存在冲突。如果创伤太大，孩子会觉得家庭破碎了，破坏了稳定的感觉，温尼科特将这种感觉描述为“自我运作”（Winnicott，1956），儿童在成长过程中从这种感觉中受益最多。父母分居可能会对孩子的自我凝聚力产生冲击，干扰孩子的情感发展，以及他们在家庭之外、学校和朋友之间的生活。

所有涉及的人都会经历一段失落和失望的时期，而且通常会有一种责怪的感觉弥漫在整个家庭中。孩子们对家庭关系中这些说出来的和没有说出来的感觉很敏感，经常误解自己在父母关系破裂中扮演的角色，把自己归咎于问题的一部分。儿童心理治疗师可以在很多层面上进行干预，以减轻这段困难时期的影响，比如对孩子失去亲人的经历进行个别治疗，与离异的父母合作，帮助父母为孩子弥合隔阂，帮助重组的家庭建立新的关系，并帮助他们对过去保持一个现实的认识。

参考文献

Braver，S.，Wolchik，S.A.，Sandler，I.N.，Sheets，V.，Fogas，B. & Bay，R.（1993）. A longitudinal study of noncustodial parents：Parents without children. *Journal of Family Psychology* 7（1）：9–23.

Hetherington，E.M. & Kelly，J.（2002）. *For Better or Worse*. London：Norton.

Lohr，R.B.，Chethik，M.，Press，S.E.，Solyom，A.E. & Arbor，A.（1981）. Impact of divorce on children：Vicissitudes and therapeutic implications of the reconciliation fantasy. *Journal of Child Psychotherapy* 7（2）：123– 136.

ONS（Office for National Statistics）（2014）. *Divorces in England and Wales: 2012*. Newport：ONS.

Penney，C.（2017）. *The Parenting Toolkit: Simple Steps to Happy and Confident Children*. Stroud：Hawthorn Press.

Sobolewski，J.M. & King，V.（2005）. The importance of the coparental relationship for nonresident fathers' ties to children. *Journal of Marriage and Family* 67（5）：1196– 1212.

Target，M.，Hertzmann，L.，Midgley，N.，Casey，P. & Lassri，D.（2017）. Parents' experience of child contact within entrenched conflict families following separation and divorce：A qualitative study. *Journal of Psychoanalytic Psychotherapy* 31（2）：218–246.

Wallerstein，J.S. & Kelly，J.B.（1976）. The effects of parental divorce. Experiences of the child in later latency. *American Journal of Orthopsychiatry* 46（2）：256–269.

Winnicott，D.W.（1956）. Primary maternal preoccupation. In D.W. Winnicott（ed）*Through Paediatrics to Psychoanalysis*，pp. 300–305. London：Karnac，1992.

An Independent Practitioner's Introduction to Child and Adolescent Psychotherapy

---

第四部分

儿童青少年心理治疗在诊疗室之外的应用

第 13 章 新路径：将心理治疗应用于其他设置中

儿童心理治疗的范围已经扩大，因为心理治疗服务已经从心理治疗室搬到社区，儿童和家庭最需要这些服务，也最容易在那里获得这些服务。儿童心理治疗师在全科医生诊所、儿童中心、医院和学校里工作，与专家团队中的其他专业人员一起，也为致力于儿童和青少年工作的其他人提供咨询和教学。这些发展使心理治疗的视角与其他学科的视角结合起来，全面满足儿童需求。这包括使我们的技术适应现有资源和服务的需要。

这个过程中并非没有压力。团队中的临床医生在与儿童和家庭的相处中有不同的方法和角色，所以在复杂的情境下与儿童和家庭打交道，可能会给多专业团队带来压力。除非团队成员被理解，否则这些差异会扰乱团队对儿童的思考。在本章中，我将研究儿童心理治疗师如何适应一系列的环境：在医院、学校、儿童福利机构，与难民一起工作，以及相关咨询工作。这种跨学科的方法使得儿童心理治疗师能够发展出适应儿童需要的新技能和技术。

医院里的儿童心理治疗

如果把重点主要放在医学诊断和治疗上，严重或慢性疾病对儿童情绪发展的影响就会被忽视。研究表明，患有慢性疾病的儿童患情绪或行为障碍的可能性是正常人的两倍（Parry-Langdon，2008）。在儿科服务部门以及儿童和青少年心理健康小组工作的儿童心理治疗师，可以利用他们在评估儿童情感和发展需求方面的专业知识来纠正这种失衡。他们可以为儿童及其家庭提供治疗支持。目前知道的是，情绪困扰会增加几种身体疾病症状的严重程度，如湿疹、哮喘、癫痫和糖尿病。国家糖尿病治疗指南中提到，患有糖尿病的年轻人出现“焦虑和抑郁的风险很高，当他们有需要时尽早获得心理健康专业人员的帮助很重要”（NICE，2016）。

儿童心理治疗师在两种截然不同的医疗环境下的工作说明了他们的作用。第一个是儿科联络，第二个是青少年肿瘤科。

儿科联络中的心理治疗

在儿科联络工作中，儿童心理治疗师经常与患有原因不明的身体疾病的儿童和青少年会面，看看儿童及其家庭内部的情绪因素是否导致了儿童的疾病。儿童心理治疗师帕迪·马丁（Paddy Martin）在他对一个难民家庭的工作中说明了这一点（Martin，2012）。他引用了乔伊斯·麦克杜格尔（Joyce McDougall，1968）的话，麦克杜格尔解释说，心身疾病是一种无法忍受的情感痛苦的身体表达，这种痛苦与意识隔绝，转而表现成一种身体疾病。

两岁的福齐亚因有不明原因的反流、拒绝进食和呕吐史，被转介到帕迪·马丁那里接受心理治疗。她是由抑郁的母亲和19岁的姐姐带大的，姐姐承担了大部分的育儿责任。马丁描述了福齐亚无法摄入食物和营养，这似乎象征了她的家人无法“接受”他们的悲惨历史，直到他们在女儿的疾病中得到了一些理解和照顾。他们在自己国家经历了警察的暴行，失去了家园和社区，而且不确定能否在英国找到永久的家园。这位母亲最后能够讲述她在福齐亚还是婴儿时有多么沮丧，而这让她很难给予小女儿所需的爱和照顾。帕迪·马丁为这个没有父亲的家庭承担起了父亲般的支持作用，他确保他们得到了所需的实际服务，同时也帮助这个家庭处理那些以前想都不敢想的痛苦事件。他觉得这家人信任他，因为他理解他们的绝望和流离失所。最终，他们意识到福齐亚的病是他们悲伤和愤怒的表达，他们需要拥有这些感受才能让她康复。

在儿童青少年肿瘤科的心理治疗

在伦敦一家大型医院的青少年肿瘤科，儿童心理治疗师为工作人员提供咨询。从癌症诊断到治疗结束，有时甚至到儿童生命结束，儿童心理治疗师会一直为儿童及其家人提供支持。他们是医疗和多学科团队中不可或缺的一部分，他们需要观察疾病对儿童情感生活和无意识世界的影响，以及这种影响因儿童的年龄和发展阶段有何不同。

这里的儿童心理治疗师必须学会适应环境。他们没有固定的房间或时间去看孩子，也没有地方放玩具箱；相反，治疗可能是在病房的床边、治疗室或走廊上与年轻人交谈。简·埃尔费（Jane Elfer）描述了当团队中有激烈情绪和焦虑时，精神分析的观点如何澄清思考的过程。儿童心理治疗师承受焦虑和不急于采取行动的能力，在医疗环境中是有价值的。他们还必须承受重病青少年的悲伤和哀痛。

和一个没有治愈希望的年轻人坐在一起是痛苦的，但很重要，因为这让他们感到被理解，特别是当他们与所爱的和希望保护的家庭成员分享那些难以忍受的想法和感受时。治疗师可以倾听和理解这种感觉，同时温柔地鼓励他们与所爱之人交谈。

幸运的是，这个工作并不总是围绕着死亡，但丧失是工作里的一个重要特征。当一个年轻人完成癌症治疗并回到正常生活时，会有庆祝活动，但随后会有一个艰难的调整，因为他们将面临“失去曾经的自己”，以及可能不得不改变“对未来的梦想”。孩子们在治疗期间和治疗后接受心理治疗，有时是在他们的医疗护理结束多年后，即当他们感觉准备好谈论疾病时。这可能发生在他们很小的时候，无法应对疾病引起的疼痛和焦虑。在治疗中反思这些过去的经历有助于年轻人处理创伤，理解过去的事件，并将这些经历融入到生活中。

虽然儿童心理治疗师是多学科团队的一部分，但他们并不直接参与儿童和青少年的医疗护理工作，这使得他们更容易与生病的儿童及其家人在一起，帮助他们应对疾病带来的痛苦，并增强他们的复原力。治疗师还可以支持医疗团队应对因参与这项工作产生的痛苦，并向专业人员传授儿童和青少年疾病在心理方面的知识。

学校里的儿童心理治疗

当年轻人感到痛苦且影响了学习时，学校里的儿童心理治疗师干预起来最有利。他们的存在可以帮助教师了解面临家庭或学校困难的年轻人的情感需求，以及那些可能在教育系统中挣扎的神经系统疾病患者的情感需求。这些服务现在已经在中小学、大专院校和大学中广泛发展。

有时候，有情绪困扰的年轻人就是那些在课堂上挑战老师的人。正如格雷厄姆·穆西克（Music，2008）所指出的，学校生活的压力可能会让“难相处的孩子”被贴上麻烦的标签，而不去理解导致他们行为的潜在困难。

我们工作的主要部分包括试图涵容无法控制的情绪，如恐惧、不信任和伤害，这样就有可能帮助别人看到一个孩子是悲伤的、受伤的、愤怒的，而不是坏的，他是痛苦的而不是有恶意的，他是需要支持和帮助的而不是想要被排斥的（Music，2008）。

学校治疗师可以提供个人心理治疗、治疗小组工作、对父母的支持和对教育团队的咨询。儿童心理治疗师埃米尔·杰克逊（Emil Jackson）曾带领过许多校本教师小组，他描述了在安全的工作讨论小组中，教师如何更自由地讨论与学生建立的紧张和具有挑战性的关系。这些咨询可能会产生连锁反应。当教师有更多从心理层面思考儿童需求的经验时，他们会在遇到困难时利用这种理解来进行相互支持。

在给学校心理治疗师的督导中，我看到了治疗服务如何成为学校服务的重要组成部分。最初的要求是为学生提供短程心理治疗，但学生对治疗的需求很大，以至于儿童心理治疗师开始向教学人员提供定期咨询。在这里，他们考虑到了需要重点关注的学生，在可能的情况下尽早干预，并减少了紧急求助的人数。

学校生活中有一些关键的过渡时期，比如新生入学或考试时，学生们通常需要额外的治疗性支持。然而，年轻人也会在性、身份和性别等个人问题上，在和同龄人关系中遇到困难时，以及在家庭出现冲突时寻求帮助。对于儿童心理治疗师来说，如何以及何时让父母参与是一个两难的问题，因为学校的重点通常是孩子，父母一般非必要不参与。这与我们通常在家庭和儿童历史背景下看待儿童问题的方法截然不同，对于单独工作的儿童心理治疗师来说，要保持分析思考的能力很困难。有一个外部督导来反思更复杂的情况，可以给予这份工作重要的支持。

学校生活相当繁忙，以至于教育团队没有时间去考虑每个孩子的情感需求。处于严重情绪困扰中的年轻人最令人担忧，尤其是在有自杀行为等风险的情况下。工作人员经常向儿童心理治疗师寻求帮助，以决定如何最好地帮助年轻人，以及何时让父母和当地儿童护理服务机构参与进来。承担这种程度的责任对孤独的儿童心理治疗师来说是一个挑战，如果学校里有一群可以提供支持的、联合的专业人士来分享这些担忧，将是有帮助的。

思考儿童心理治疗服务如何在学校内被看到是件趣事，就像任何系统一样，儿童心理治疗也有自己的组织动力。更简单地说，儿童心理治疗可以被视为一种服务，它在角落里安静地发挥作用，以消除影响学生学习和成就的情绪困扰和风险问题。或者它可能会发挥更核心的作用，成为学校关注儿童情感健康的重要组成部分。这些不同的观点，通常是学校生活中无意识的一部分，可能不会被相关人员认识到，但它们会影响儿童心理治疗师如何在学校文化中发挥作用。这将影响到学校员工如何公开识别和讨论对年轻人的担忧，影响父母参与的频率，以及当地儿童心理健康服务和其他专家资源的利用程度。我督导的儿童心理治疗师发现，他们的工作产生了连锁效应。随着以学校为基础的心理治疗服务的深入，教育团队更公开地认识到儿童在学校学业生涯中可能面临的情感和发展挑战，以及他们有时对心理帮助的需求。

治疗性教育

经历过严重早期创伤和被忽视的年轻人往往无法在普通的学校环境中生存。他们复杂的情感需求带来了治疗性教育环境的发展，为这些问题儿童提供了“成长空间”（Onions & Browner，2012）。我将在这里描述其中的两个地方——桑树丛学校和格洛斯特之家（Gloucester House，走读学校）。这两所学校都形成了一种治疗背景，整个环境都致力于儿童的情绪恢复和学习，而且对精神分析的理解是他们这种做法的基础。

桑树丛学校的儿童心理治疗

学校的首席执行董事约翰·戴蒙德（John Diamond）将桑树丛学校描述为：

> 一个治疗性的环境，在这里年轻人可以在一个培育和包容的环境中内化关心和共情关系的生活经验。（Diamond，2013）

芭芭拉·多克尔－德赖斯代尔在后来接受了心理治疗师的培训，并于1948年创办了这所学校。她与温尼科特密切合作，为情绪障碍儿童开发了一种评估模型，用来研究儿童的整合水平。学校治疗的目的是帮助儿童在情感上融入社会，并从发育迟缓中恢复过来。正如她在《原初体验的提供》（*The Provision of Primary Experience*）一书中所描述的那样，学校将以一种象征性的形式提供他们错过的原初体验，从而"填补空白"。

从那时起，学校根据布鲁斯·佩里（Bruce Perry）等神经学研究人员对创伤的新理解，继续改良其治疗方案。他解释说，当受创伤的儿童处于情绪紧张的状态时，他们会变得焦虑，并退化到脑干战斗或逃跑的功能运作中。然后他们会以原始的方式行事并见诸行动，而且不太容易接受用语言或关系作为改变基础的治疗方法。他说道：

> （我们）需要新的体验，让大脑打破错误的联想，或减少与创伤相关联想的过度泛化。（Perry，2006：34）

桑树丛学校在滋养的和涵容的治疗环境中提供了这种"新体验"。布劳纳（Browner）和奥尼恩斯（Onions）是学校的儿童心理治疗师，他们说这对工作人员来说非常具有挑战性。当这些长期遭受剥夺、忽视和虐待的儿童感到痛苦时，往往会拒绝接受关爱，反而可能会攻击工作人员。他们说道：

> 创伤根植在了孩子们的身体里，给他们留下了一种被迫害的内在混乱，

> 这种混乱生活在他们体内，并伴随着他们的日常生活，干扰了正常的互动，扭曲了潜在的积极体验……许多人每天都严词拒绝温暖和关怀，用语言和身体攻击他人，只要这些被迫害的感觉在内部稍微被激活。（Onions & Browner，2012：146）

环境疗法为儿童提供了一个滋养和涵容的环境，让他们可以从创伤中恢复过来。工作人员通过设置严格的界限、提供冷静时间，以及参与放松和愉快的活动来小心应对，以帮助他们处理这些强烈的感觉。

住院部护理人员、教师和治疗师密切合作，分享他们对儿童情感挣扎的理解，并在照顾这些问题儿童的挑战中相互支持。这些儿童的一天都在集体环境中度过，要么是在房间里，要么是在学校里。他们常常对与他人的关系深感怀疑和恐惧，但在这些集体中，他们开始体验到合作和关心，这挑战了他们对世界的不信任。

治疗人员与儿童的家庭一起工作，帮助他们在周末和假期探视时照顾孩子。通常会有专门的寄养照顾者，目的是帮助儿童恢复家庭生活和回归社区学校。治疗通常持续三年，但在这段时间结束时，大多数人都能够回到自己家中，回到符合他们情感和教育需求的教育环境中。

格洛斯特之家的儿童心理治疗

环境疗法也是伦敦这所小型治疗性走读学校的方法，该学校是塔维斯托克和波特曼国家医疗服务基金会信托的儿童、青少年和家庭服务的一部分。这里的工作人员最多可为 21 名 5~14 岁的儿童提供服务。这里的孩子们经历过严重的创伤或虐待，有些孩子在护理系统中曾多次出现安置问题。治疗团队的三位成员科斯蒂·布兰特（Kirsty Brant）、范妮·莉娜（Fanny Lena）和露丝·格洛弗（Ruth Glover）向我描述了孩子们是如何经常以高度警惕的状态来到学校的。他们可能很暴力，在情感上防御，无法思考。儿童把无法应对的情绪投射到周围人身上，而且往往会使用身体暴力。在这种情况下，治疗任务由整个团队承担，治疗师、专科护士和教育人员密切合作。精神分析理论帮助工作人员理解儿童行为的意义，以及帮助他们理解自己对儿童的情绪反应。

> 工作人员接受儿童对难以想象和令人不安的情绪体验的投射，这让变化随着时间的推移而发生。从多个角度去思考一个儿童，可以深入了解儿童的心理功能、内心世界和情感需求。（Glover & Brant）

他们讲述了儿童的绝望、愤怒、孤独和无助感是如何时不时地渗透到团队中的，并模糊了个人的思考和接受能力。

儿童心理治疗团队的主要功能之一是在督导和小组会议中支持工作人员，加强治疗环境的涵容功能，以及强化希望感。缺乏经验的工作人员往往要承受高强度的投射。格洛弗是那里的儿童心理治疗师，在督导中她解释了她如何帮助那些与儿童密切相处的人认识到"儿童可能在通过行为传达什么"。她举了一个督导中的护工的例子，受督者觉得自己不想继续帮助这个持续用恶毒的语言对她进行人身攻击的小女孩，因为这些让她感到害怕、羞愧、困惑和无能为力。这个女孩可以和另一个工作人员继续她的工作。护工觉得她开始讨厌这个孩子，并失去了同情心。正在提供督导的儿童心理治疗师帮助工作人员认识到这些移情和反移情感受的重要性，以理解儿童的内心世界，从而找到一种与儿童建立联结的方法。

> 她被迫去感受这个孩子无法用语言表达的一些东西，甚至是这个孩子无法有意识记住的在婴儿和蹒跚学步时的早期极端受虐经历。这个孩子感到无力和恐惧，不知道下一次袭击会从哪里来，她也看着母亲被打，觉得自己毫无价值、不可爱。

借助这种重要关系，儿童找到了一个能理解和涵容她困扰情绪的人，也能在他们一起上课或吃午饭时为她设定限制，帮助她度过这一天。

儿童心理治疗师还扮演着“个案协调员”的角色，将儿童经历的不同部分通过网络连接起来，这通常揭示了系统分裂的风险。他们为一些儿童做个体心理治疗，但他们也可能在走廊上或午餐时为孩子提供温柔的诠释，以表明他们理解孩子对冲动沟通的迫切需求。对许多儿童来说，团体治疗已被证明是一种有价值的干预措施。同样地，治疗师会根据父母和家庭不同的经历和需求，给他们提供治疗性支持。

儿童个体心理治疗在这种设置下有所不同，即儿童对整个学校有一种移情关系，包括治疗师和咨询室。儿童有时会变得暴力，并考验治疗师维持内部和外部边界的能力。这些边界是坚定的，但不是不可逾越的。移情关系可能会导致分裂。移情关系可能会被带到走廊里的支援人员那里，甚至是班上的其他孩子那里。然而，这种复杂性也提供了丰富性。当团队成员见面时，治疗师能够对与儿童密切相处的人做出贡献并从他们身上学习。年轻人可能会有一种类似于“家庭”的思维来思考自己的体验，即以一种他们早年经常被剥夺的方式思考他们自己，而这会带来显著的进步。

对年轻难民的心理治疗

创伤也是难民治疗工作的核心，但这里的创伤往往是外部的，因为许多年轻难民来自安全的家庭，但他们所在的社会和国家发生过冲突和战争。英国有悠久的专业服务机构，这些机构可以为难民提供治疗工作。1985 年，一位曾与大屠杀受害者工作过的经验丰富的社工成立了照顾酷刑受害者医疗基金会（现在被称为免于酷刑基金会）。难民治疗中心（the Refugee Therapy Centre）于 1999 年成立，猴面包树中心（the Baobab Centre）于 2008 年成立。猴面包树中心是一个为年轻的寻求庇护者和难民提供非住宿治疗的社区。这些专业服务和社区支持同时进行，社区支持的对象是来自 CAMHS 的难民。

这些专业服务的工作能让我们深入了解心理疗法是如何应对许多难民的创伤性生活经历的。难民治疗中心提供个人、夫妻、家庭和团体治疗，以及儿童青少年心理治疗。这个服务项目的心理治疗师伦诺克斯·托马斯（Lennox Thomas）描述了难民家庭在另一个国家寻求庇护时的脆弱感受（Thomas，2012）。他们常常在新生活中迷失方向，感到不受欢迎，这使他们更容易出现心理和精神健康问题。在难民治疗中心看到的一些人在抵达英国后患上了创伤后应激综合征，他们可能处于否认、情感僵住或极度抑郁的状态，孩子们可能会再现一些他们过去目睹过的令人痛苦的场景。

托马斯强调道，心理治疗师与整个家庭一起工作时，需要帮助父母重新扮演父母的角色，让孩子们意识到这曾经是一个正常运转的家庭。父母经常试图不跟孩子们说他们的困难，而孩子可能比父母更懂英语，但为了保护父母，他们会假装不懂。孩子们的愤怒和痛苦可能会在青春期显露出来，他们对自己和家人所遭受的痛苦感到愤怒，因为他们目前生活中的事件可能会引发过去的创伤。处理这些强烈的情绪是很可怕的，孩子们可能会“封闭自己”以避免冲突。和年轻人的治疗工作可以是一对一的形式，也可以以团体的形式进行，他们在团体里分享自己的故事并寻求相互支持。许多人都有复原力，他们生存下来了，并对生活充满希望。治疗可以支持这一过程，帮助他们形成对自己经历的叙述，于是随着时间的推移，他们就会更容易带着这些经历生活。

为年轻的流亡幸存者服务的猴面包树中心

儿童青少年心理治疗师希拉·梅尔扎克（Sheila Melzak）为年轻的无人陪伴的寻求庇护者和难民建立了猴面包树中心，与家人分离的年轻人可以在这里得到支持和实际的帮助，结交朋友，并参与心理治疗和治疗活动。它为在青春期发展的关键时期失去家园、家人和社区的年轻幸存者提供了一个安全基地，他们可能在家乡社区和流亡途中亲历过有组织的暴力、侵犯、强迫招募、剥削、拒绝和丧亲之痛。

希拉·梅尔扎克描述了游戏和治疗干预是猴面包树中心工作的核心。年轻幸存者经历的创伤破坏了他们的情感发展，许多人的情感功能没有他们的实际年龄成熟。当他们第一次受到创伤时，发育就停止了，随后的创伤出现了固着。为每个青少年提供的治疗干预必须解决这些未满足的发展需求和当前状态的脆弱性。梅尔扎克说自己一直受到安娜·弗洛伊德思想的影响，安娜认为游戏对于儿童、青少年和成年人“探索和理解困难的经历，整合有意识和无意识的经历”至关重要（Melzak，2017）。

普纳迈基（Punamäki，2006）也承认了游戏对亲历过战争和恐怖活动的年轻受害者的治愈作用。她描述了做梦和游戏如何让大脑处理令人不安的经历，以及儿童在受到恐怖袭击时如何失去了这种功能。她在研究综述中表明，当受到创伤的儿童重新发现他们的游戏能力时，这种能力会与梦、社区关系和归属感一起成为一种复原力。

猴面包树治疗社区为无人陪伴的年轻难民提供了这种“归属感”。他们参加有趣的活动，如音乐团体、艺术研讨会、哲学团体以及足球和攀岩活动。和有类似经历的年轻人在一起，可以减少他们的孤独感。社区向年轻的寻求庇护者和难民提供个人和团体心理治疗。在小组和社区会谈上，那些还没有准备好谈论自己经历的年轻人会听到其他人分享他们的故事，并了解他们是如何应对的。他们在这个安全的环境中建立了亲密的关系，这些关系可以成为他们在这个国家定居时的重要慰藉来源。猴面包树中心还在资金、住房、医疗保健和教育方面提供实际帮助，这些都是寻求庇护者更难获得的资源。英国庇护决定程序的法律流程十分漫长，社区在这种不确定性中可以给寻求庇护者提供支持，为庇护管辖区的上诉听证会准备专家临床报告，以确保他们获得庇护资格。

帮助这些年轻人从创伤中恢复是一项复杂的任务。许多人对自己反复经历的分离、丧失和极端暴力感到不知所措，他们可能会产生过度兴奋和侵入性的想法，但也会关闭自己的思维以及与他人的接触，以避免创伤的重复。梅尔扎克引用赫尔曼（Herman，1997）的话，他认为这样会限制“他们的思维、关系、探索领域，以及想象力和创造力”。

有趣的活动和讲故事可以被用来帮助年轻人重新发现他们的创造力。一些年轻的难民无法直接谈论他们在个人和团体治疗中的经历，但他们可以通过讲故事的方式来探索他们的经历。这些故事允许孩子们探索与自己生活相关的主题，但在情感上保持安全的距离，就像儿童心理治疗中发生的想象游戏一样。梅尔扎克（Melzak，2017）描述了传统的讲故事已经成为他们每年夏季的治疗性住宿静修的一部分。年轻人喜欢听这些故事，因为这些故事提供了一个讨论他们生活中许多重要议题的机会。梅尔扎克在最近的一次静修中讲述了白雪公主和七个小矮人的故事。之后，这些年轻人在故事中扮演不同的角色并互相采访，讨论成为邪恶的皇后有什么感觉，成为失去父母的白雪公主有什么感觉，或者成为照顾白雪公主长大的小矮人有什么感觉。在她所读的版本中，小矮人决定用死刑来惩罚邪恶的皇后，孩子们对此提出了质疑。那些在童年或青春期早期被迫违背家庭和社区道德的年轻人认同皇后，认为她不应该被杀死，而是应该受到惩罚和获得理解。年轻人间接地谈论着他们的人生挣扎、失落感和道德观，但既严肃又幽默、有趣。同样，音乐、艺术、足球和攀岩等其他活动也有助于唤醒他们的想象世界和游戏能力。

在本节结束时，我将引用他们网站上提到的观点，该观点来自一位年轻的幸存者在猴面包树中心的经历。

> 当我一个人的时候，太难受了。我脑子里有太多想法，有时候我想放弃。但当第一次看到理解、支持你的人时，你就有了勇气和希望。这就像你在打仗，失去了所有人。然后突然间，援军来了，你觉得你可以赢。猴面包树中心给了我地基，我可以从这里开始建造。

为被照顾的儿童和收养家庭提供心理治疗服务

> 收养被照顾的儿童的风险之一是，他们可能会拒绝给予他们的关爱，从而使匮乏感持续下去。（Hopkins，2000）

1983 年，波士顿（Boston）和叙尔（Szur）出版了《极度贫困儿童的心理治疗》（*Psychotherapy with Severely Deprived Children*）一书，讲述了塔维斯托克诊所对 80 名被照顾儿童进行心理治疗的过程，其中许多儿童曾受到过虐待和忽视。他们的研究表明，通过个体心理治疗提供的新关系，可以帮助这些情绪受损的儿童重新获得爱的能力。这可以使儿童有可能接受寄养和收养父母提供的照顾和养育。

霍普金斯诠释道，许多被照顾的儿童都有过被虐待和忽视的早期经历，这些经历造成了依恋障碍，他们倾向于回避新的友爱的关系。她去看了一个名叫马克斯的九岁男孩，这个男孩后来被收养，并接受了治疗。他早年与患有精神疾病的母亲生活，并亲历了父母的婚姻暴力，这让他对亲密关系感到恐惧，导致他对关心他的养父母做出破坏性的拒绝行为。这是一种迷失方向的模式，由玛丽·梅因（Mary Main）在 1985 年首次描述。

梅因的研究表明，令人害怕的父母的孩子面临着一个无法解决的悖论，因为孩子感到不安全就会有战斗、逃跑或僵住的冲动，这与从父母那里寻求安慰的欲望相矛盾。因此，孩子的反应会变得杂乱无章、自相矛盾。久而久之，孩子就不能再忍受这种不可能的、不安全的处境，并会试图通过防御策略来克服这种无助感，这就是典型的无序控制依恋模式。这些孩子对周围的年轻人有很强的控制欲，经常挑衅和反对，他们变得自给自足，远离爱的关注。霍普金斯诠释了他们如何否认自己需要亲密的爱的依恋。在这些时刻，孩子不希望得到关心和安慰，而在个体心理治疗中必须逐渐克服这种防御性的分离。

霍普金斯对马克斯个人治疗的描述告诉我们，当儿童把早期亲密关系的创伤经历造成的恐惧、愤怒和困惑带到治疗中时，她不得不在无数次情感和身体上的攻击中幸存下来。在心理治疗中，与早期的虐待关系不同，儿童可以体验到一种安全的关系，从而重新获得一些信任，并开始在寄养或收养家庭寻求这种照顾。霍普金斯在她的“解开怪物之谜”章节中指出，这可能并不意味着儿童已经面对了早期创伤的记忆，或者承认了亲生父母的失败，因为这些感觉可能特别难以承受。但这会意味着儿童的内心世界更加温和，儿童将不再被威胁他日常生活的怪物引发的恐惧所困扰。

我们可以想象，像许多养父母一样，照顾这些问题严重的孩子非常具有挑战性。这种承诺的代价往往是家庭和学校频繁的危机，处理孩子在家里对父母和兄弟姐妹的拒绝行为，以及家庭生活的破坏。鉴于养父母及其家庭所面临问题的严重性，英国政府于 2013 年建立了收养支持基金来提供资金，从而有可能制定新的举措来帮助收养家庭度过这些困难时期。

收养儿童和青少年心理健康服务中心的收养支持服务

收养儿童和青少年心理健康服务中心（AdCAMHS）于2014年在东苏塞克斯（East Sussex）成立，由儿童心理健康和社会服务部门联合资助和管理，旨在解决这些困难。

收养儿童及其父母面临的复杂问题往往需要一个快速的、协调联动的反应，来帮助家庭度过危机时期。收养者经常抱怨不能享受这种服务，他们只能独自挣扎，或者得到的帮助太少、太迟。AdCAMHS提供一站式资源，养父母可以在这里获得社会服务、教育和儿童心理健康方面的帮助。该团队为每个收养家庭组织了一套协调的照顾方案，包括网络审查、与心理学家咨询以及对年轻人或家庭的心理治疗干预。家庭的主要联系人通常是收养后的社工，由AdCAMHS的临床医生密切支持。

该中心可以提供一系列干预措施。除了短期和长期的个体心理治疗，还有针对患有复杂和慢性疾病的儿童和青少年的专家评估，这些疾病通常是由于在子宫内暴露于有害影响或早期创伤，或两者兼而有之。这些儿童和青少年有着复杂的神经生物学和人际关系困扰，需要熟练和有经验的干预来应对年轻人生活中涉及的严重风险。该中心可以给养父母提供咨询，并为整个家庭提供治疗工作，这确保了养父母在照顾受到创伤的领养儿童时，儿童遇到的情感挑战不会破坏其家庭功能。

针对父母和青少年的治疗团体

儿童心理治疗师和该服务的临床负责人艾莉森·罗伊（Alison Roy）描述了（Roy et al.，2017）如何为收养者建立团体。许多参加团体的父母都处于危机之中，他们通过与其他养父母分享经验，以及从团体中的两位帮助者（其中一位是儿童心理治疗师）那里获得支持。该团体以心理教育为重点，需进行 12 次会谈。家长有机会与团体成员讨论他们的孩子，并学习儿童心智发展、早期关系和困扰背后的理论，以及早期忽视和创伤对儿童依恋模式的影响。

还有针对青少年和儿童的治疗团体，这是对这些年轻人所面临压力的创造性回应。这些团体是东苏塞克斯郡收养的年轻人要求建立的，多年来在与年轻人及其家人的交流中发展起来。团体工作包括 12 次会谈，每次持续两个小时，在当地剧院开展。这个团体是以林地营帐户外体验活动结束。治疗师、社工从业者和森林学校专业人员合作，为不同的被收养年轻人量身定制方案（Roy et al. 2017）。

所有相关专业人员定期进行反思讨论，探讨这项工作的挑战性和复杂性，以及在专业工作关系网中可能出现的困难。

家长和年轻人都表示非常欣赏这种模式。他们很看重这种联合的工作方法，这样孩子们就不必面对重复的评估，而且他们说可以信任这个团队，因为他们合作良好且互相支持。早期干预的模式可以防止危机升级，以及预防收养儿童在照顾过程中可能出现的崩溃。

咨询

向其他专业人士咨询，无论是个体咨询还是团体咨询，都是儿童心理治疗工作的一个重要方面。与督导不同的是，咨询顾问不负责工作的临床或管理方面，因此能够站在局外人的立场，观察影响工作的有意识和无意识的动力。

在关于团队合作的章节中，我描述了个人和机构内部可以形成严格的自我保护性防御，以保护自己免受照顾角色的情感需求的影响。为了避免工作人员采取自我防御行为，并能够对员工在工作中受到的情绪冲击力给予支持，一些儿童寄宿疗养院会为员工安排持续的咨询。顾名思义，“照顾”人员扮演着这些孩子的父母角色，可能永远都不会让孩子们觉得“足够好”，因为孩子们会把他们早期被剥夺的愤怒和失望转移到与照顾者的关系上。寄宿儿童看护顾问彼得·威尔逊描述了那些为儿童提供实际日常护理者的需求。

> 一个孩子连续几天表现得很合作、很亲切，但突然就改变了，与寄宿疗养院的工作人员的关系大为不同，这很常见。这个孩子可能变得阴沉、孤僻或伤心；可能变得隐秘、狡诈和破坏；或者在其他时候变得固执、挑衅和敌对。（Wilson，2009）

这种反复无常的情绪组合，日复一日，即使是最坚韧的成年人也会感到疲惫不堪。由咨询顾问带领的反思团体为寄宿疗养院的工作人员提供了一个可以谈论这些经历的空间，然后他们就可以远离这些令人不安的感觉，并认识到它们是儿童内心世界的投射，而不是像通常感觉的那样，是对他们能力的人身攻击。

社区社会工作者和其他从事问题儿童工作的专业人员也面临着类似的压力。被照顾的儿童往往最令人担忧，因为当他们与自己的原生家庭分离时，很难找到适当的替代家庭照顾他们。儿童心理治疗师通常在专门照顾他们的专业团队中工作。玛格丽特·亨特（Margaret Hunter，2001）生动地描述了这项工作。规划照顾儿童的责任由指定的社工承担，与儿童周围团队的其他专业人员密切合作。这可能是非常困难的，因为这些决定充满了焦虑和不确定性，正如我自己当社工时为他们做计划时所体验到的那样。

玛丽格玛·罗科–布里格斯（Marigemma Rocco-Briggs）认识到，这些专业人员之间可能会产生压力，而这种压力会破坏他们的决策。她开发了一种咨询服务，并在她的论文《谁拥有我的痛苦？》(*Who Owns My Pain?*）中提到了这种咨询服务。

这种服务的开发源于她作为一名儿童心理治疗师与被照顾的儿童一起工作的经历。她发现，她的感受和孩子们的感受是一样的。她经常感到孤独，与周围的人隔绝，经历了孩子们所有的痛苦。大部分被照顾的儿童都有严重的情绪困扰，但人们期望她的治疗性干预可以解决一切问题，帮助孩子们康复。她看到，与这些儿童一起工作的专业人员经常发现自己处于冲突之中，而不能在孩子身边作为一个有效的团队运作。为了解决这个困难，她为包括养父母在内的所有相关人员安排了网络会议，以便他们可以分享各自对孩子的不同体验、对治疗的焦虑和期望，以及对孩子未来的希望。

罗科－布里格斯认为导致这种冲突的一个重要因素是，团队背负了儿童因为被剥夺而产生的愤怒和痛苦。这些愤怒和痛苦投射到养父母或其他替代照顾者身上，养父母或替代照顾者很快就会成为“坏父母”，因为育儿失败而被孩子指责，然后他们觉得自己也辜负了孩子。这些痛苦、失望和责备的感觉可以在团队中反映出来，并且需要被识别。

> 为了给这些儿童提供有效的治疗工作，我们认为儿童的困扰会对周围的工作人员产生影响，这种想法至关重要。让团队来理解和处理孩子给工作人员带来的强烈感觉，增强了自我反思的功能，对于考虑孩子的需求至关重要。（Rocco-Briggs，2008）

她说，在团队里能够公开讨论他们工作中的疑虑、痛苦以及彼此之间的工作关系，将决定他们如何有效地发挥作用，以及他们是否能够共同为孩子提供一个安全基地，照顾和规划孩子的未来。像这样的咨询工作可以在许多环境中被复制，儿童心理治疗师可以围绕儿童照顾创建反思性团队，或者把这些想法带到多专业团队的工作中。

结论

这只是英国众多项目中的一小部分，展示了儿童心理治疗如何应用于不同的环境。这些项目有一些共同的主题。他们强调了整合团队工作的重要性，并为那些与问题儿童一起工作的人提供了一个共享的反思空间。他们还展示了网络中开放关系的重要性，这样团队中的强烈情感和分歧就可以被分享，并专注于儿童的需求。儿童心理治疗师可以扮演不同的角色：和孩子一起玩耍，坐在患病儿童的床边，或者作为团队成员提供帮助，以及提供个人心理治疗，但如果治疗的重点仍然明确，这些角色则不必冲突。在每一种情况下，治疗师和儿童护理工作者都找到了创造性的方法来接触受过创伤的儿童，但他们都认为无论是个人还是家庭团体，有趣的活动和新的关系才往往是治愈过程的开始。作为儿童心理治疗师，我们的工作通常是支持这一过程，并在适当的时候提供个体心理治疗。

参考文献

Diamond，J.（2013）The Mulberry Bush School and UK therapeutic community practice for children and young people. *International Journal of Therapeutic Communities* 34（4）：132– 140.

Dockar-Drysdale，B.（1990）*The Provision of Primary Experience: Winnicottian Work with Children and Adolescents*. London：Free Association Books.

Herman，J.L.（1997）*Trauma and Recovery: The Aftermath of Violence – from Domestic Abuse to Political Terror*. London：Basic Books.

Hopkins，J.（1986）Solving the mystery of monsters：Steps towards the recovery from trauma. *Journal of Child Psychotherapy* 12（1）：61–71.

Hopkins，J.（2000）Overcoming a child’s resistance to late adoption：How one new attachment can facilitate another. *Journal of Child Psychotherapy* 26（3）：335–347.

Hunter，M.（1986）The monster and the ballet dancer. *Journal of Child Psychotherapy* 12（2）：29–39.

Hunter, M. (2001) *Psychotherapy with Young People in Care: Lost and Found*. London: Routledge.

Martin, P. (2012) 'Grief that has no vent in tears, makes other organs weep' : Seeking refuge from trauma in the medical setting. *Journal of Child Psychotherapy* 38 (1): 3–21.

McDougall, J. (1968) *Theatres of the Mind*. London: Free Association Books.

Melzak, S. (2009) Psychotherapeutic work with children and adolescents seeking refuge from political violence. In M. Lanyado & A. Horne (eds) *The Handbook of Child and Adolescent Psychotherapy: Psychoanalytic Approaches*, 2nd edition, pp. 381–405. London: Routledge.

Melzak, S. (2017) Anna Freud, play and refugees. Paper presented at conference at King' s College London.

Music, G. (2008) Delivering therapeutic work in schools. *Journal of Child Psychotherapy* 34 (1): 43–61.

National Institute of Clinical Excellence (NICE)(2016) *Guidelinesfor Type 1 Diabetes*, 4.1–4.8.

Onions, C. & Browner, J. (2012) Spaces for growth: Where milieu therapy and psychotherapy meet. In A. Horne & M. Lanyado (eds) *Winnicott's Children*, pp. 143– 156. London: Routledge.

Parry-Langdon, N. (2008) *Three Years On: Survey of the Development and Emotional Well-Being of Children and Young People*. London: Office for National Statistics.

Perry, B. (2006) Applying principles of neurodevelopment to clinical work with mal- treated and traumatised children: The neurosequential model of therapeutics. In N. Boyd Webb (ed.) *Working with Traumatised Youth in Child Welfare*, pp. 27–52. New York: Guilford Press.

Punamäki, R.L. (2006) Resiliency in conditions of war and military violence: Pre- conditions and developmental processes. In M.E. Garralda & M. Flament (eds) *Working with Children and Adolescents: An Evidence-Based Approach to Risk and Resilience*, pp. 129– 177. New York, Toronto and Oxford: Jason Aronson.

Rocco-Briggs, M. (2008) 'Who owns my pain?' : An aspect of the complexity of working with looked after children. *Journal of Child Psychotherapy* 34 (2): 190–206.

Roy, A., Thomas, C. & Simmonds, J. (2017) Adoption support: Integrating social work and therapeutic services – the AdCAMHS model. Coram BAAF briefing paper. London: Coram.

Thomas, L. (2012) Working with trauma and the experience of refugees families. Presentation to child psychotherapy trainees at Independent Psychoanalytic Child and Adolescent Psychotherapy Association，BPF Kilburn，London.

Wilson，P.（2009）Consultation in residential care. In M. Lanyado & A. Horne（eds）*The Handbook of Child and Adolescent Psychotherapy: Psychoanalytic Approaches*，2nd edition，pp. 276–284. London：Routledge.

后　记

最后的思考：与意念游戏

游戏的重要性是贯穿本书的主题。儿童利用游戏思考自己和世界。作为心理治疗师，无论是在治疗还是在督导中，我们都依赖脑海中浮现的富有想象力的想法游戏来理解我们的患者。当儿童遭受了创伤或虐待时，在治疗环境中将各种游戏和讲故事作为一种象征性的方式，替代处理让人不安的经历。本书中概述的儿童精神分析心理治疗方法受到两方面影响：一个是我所受的训练，另一个是我对英国独立心理治疗传统的兴趣。但我喜欢借鉴所有有助于指明前进道路的流派的想法，我也从我的同事、督导那里学到了很多东西，当然也从我各个年龄段的患者那里学到了很多东西，他们中的许多人挑战和启发了我的想法。我希望阅读这本书的人把这里讨论的想法当作垫脚石，并在未来的儿童和青少年治疗工作中提出其他想法。

译者后记

在心理学的广阔天地中，儿童青少年心理治疗是一个充满挑战与惊喜的领域。2021 年，我们有幸遇到了这本书。它不仅是一本指南，更是一扇窗，透过它我们得以窥见儿童心理治疗的深邃世界。

本书作者迪尔德丽·道林以其深厚的专业知识和丰富的临床经验，为我们呈现了一幅儿童心理治疗的精细画卷。她的笔下不仅流淌着英国心理治疗独立学派的精髓，还巧妙地融合了温尼科特的独立学派等其他诸多流派的理论与实践。这种跨流派的融合，使得本书不仅具有理论深度，更有着广泛的实用价值。

在本书中，道林详细阐述了儿童青少年心理治疗的一般工作流程，包括治疗过程（第 1 章）、创建治疗设置（第 2 章）、进行评估并开始工作（第 3 章）、不同年龄儿童的心理治疗方法（第 4 章）、家长的参与（第 6 章）、向结案而努力（第 10 章），每一个环节都描述得细致入微。另外，道林还特别介绍了儿童青少年心理治疗工作中会遇到的特殊专题，包括关于短程治疗的反思（第 5 章）、团队工作的乐趣与挑战（第 7 章）、直面绝望、质疑、愤怒，并寻找希望（第 8 章）、在错误、迷思中学习，了解督导的价值（第 9 章）、与特殊家庭中的儿童青少年开展治疗工作（第 11 章、第 12 章）、儿童青少年心理治疗的创新性应用（第 13 章）。无论你是初入行的新手治疗师，还是经验丰富的从业者，都能从中获得启发和帮助。

这本书的另一个显著特点是其丰富的临床案例。这些案例不仅真实、生动，而且涵盖了各个年龄段和多种心理议题，从幼儿期的分离焦虑到青春期的身份认同危机，再到家庭关系中的冲突与和解，每一个案例都如同一面镜子，映照出我们在实际工作中可能遇到的种种情境。阅读这些案例时，我们常常会不自觉地联想到自己的来访者，仿佛书中的孩子及其家庭成员就坐在我们面前，讲述着他们的困惑与痛苦。这种强烈的共鸣让我们更加深刻地理解了书中的理论与方法，也为我们提供了宝贵的实践指导。书中的每一个案例都不仅仅是故事的讲述，更是对治疗师如何思考、如何行动、如何与来访者共同成长的生动示范。这些案例不仅能帮助我们更好地理解儿童青少年的内心世界，也让我们在实践中更加自信和从容。

对于我们三人组成的朋辈支持小组来说，这本书是我们这一路情感陪伴与专业见证的成果之一。我们三个人年龄相仿，个性相投，学习背景类似。无论是生活中的喜悦与痛苦，还是专业上的困惑与突破，我们都是彼此牢靠的支持。书中的理论和案例也给我们自己的咨询实践带来了新思路。在第 8 章中，作者谈到一个提前结束治疗来保护治疗成果的例子，让我们对于“到底多少剂量的治疗才是最合适的”有了更多的警醒；第 11 章对特殊处境（父母患有精神疾病或父母很脆弱）中的孩子的讨论，提醒我们关注父母的病理对孩子的影响，丰富了我们理解孩子处境的视角……这样的例子不胜枚举。同时，在仔细研读这本书的过程中，我们也时常将这种收获拓展到个人的生活和专业工作中，不知不觉中对儿童青少年来访的涵容能力增强了。每周一次的会面成了我们最热切盼望的事情，雷打不动。此刻在共同撰写译者序之际，翻译过程中的一幕幕再现脑海，对我们亦是一种滋养。

最后，我们衷心推荐这本书给所有对儿童青少年心理治疗感兴趣的专业人士和家庭。无论是正在接受培训的心理治疗师 / 心理咨询师，还是已经在儿童青少年心理健康领域工作的从业者，抑或是游戏治疗师、学校咨询师和支持人员，以及儿童护理专业人员，这本书都将成为你们的得力助手和行动指南。

我们深知，翻译是一项既需要严谨态度又需要创造思维的工作。在翻译本书的过程中，我们力求忠实于原文的同时，也尽力使译文流畅、易懂。然而，由于能力和经验的限制，译文中难免存在不足之处，我们诚挚地希望广大读者和同行能够提出宝贵的意见和建议，以便我们在未来的工作中不断改进。

An Independent Practitioner's Introduction to Child and Adolescent Psychotherapy: Playing with Ideas by Deirdre Dowling/ISBN：9781138506275

北京阅想时代文化发展有限责任公司为中国人民大学出版社有限公司下属的商业新知事业部，致力于经管类优秀出版物（外版书为主）的策划及出版，主要涉及经济管理、金融、投资理财、心理学、成功励志、生活等出版领域，下设“阅想·商业”“阅想·财富”“阅想·新知”“阅想·心理”“阅想·生活”以及“阅想·人文”等多条产品线，致力于为国内商业人士提供涵盖先进、前沿的管理理念和思想的专业类图书和趋势类图书，同时也为满足商业人士的内心诉求，打造一系列提倡心理和生活健康的心理学图书和生活管理类图书。

《儿童家庭心理画：一张图读懂孩子眼中的家（第 6 版）》

- 儿童精神分析和心理治疗先驱盖尔特·比尔曼经典著作。
- 收录 127 幅儿童绘画及详细案例解读，揭示孩子内心对原生家庭的真实想法。
- 为父母、心理咨询师读懂孩子眼中的世界提供一个客观的观察视角。

《孩子的内驱力：写给父母的沟通心理学》

- 孩子本就拥有内驱力，父母需要做的是唤醒并呵护孩子的内驱力。
- 发展孩子主动学习和生活的动力，才是真正陪伴孩子发展的核心宗旨。
- 简单实用的“铁三模型”帮助父母唤醒孩子的内驱力。
- 微微辣作序，侯志瑾、安心、徐钧、邢淑芬联袂推荐。

《孩子的成才之路：写给父母的教育心理学》

- 本书重点讲了多元智能理论在家庭教育中的应用，以详尽且质朴的语言，告诉读者什么是多元智能，作为父母该如何去读懂多元智能，发现自己孩子的智能强项，让他们都能在自己强项的基础上发展起来。
- 中国科学院心理研究所研究员张梅玲、首都师范大学心理学教授岳晓东、昆明丑小鸭中学校长詹大年、中国人民大学教授翟小宁及中国人民大学艺术学院副教授吴冰倾情推荐。

《焦虑的孩子：关于儿童青少年焦虑问题的心理研究》

- 关于孩子从婴儿期到青春期焦虑问题的经典研究，系统了解孩子焦虑背后的心理成因，读懂孩子的焦虑，从而更好地预防与干预。
- 焦虑是我们生而为人不可避免的部分，它既是一种正常现象，也是一些心理障碍的焦点。

《梅兰妮·克莱因精神分析》

- 武汉市精神卫生中心主任医师、教授施琪嘉、精神科医师李晓驷联袂推荐。
- 客体关系理论之母、儿童精神分析研究先驱梅兰妮·克莱因的精神分析理论精髓的经典著作，带你走进克莱因理论世界，为理解和掌握儿童精神分析开辟全新的途径。